수계 50문답

일러두기

1. 『수계 50문답』의 번역은 최대한 원문에 충실하려 하였고, 계 조항은 의미가 드러나도록 좀 더 상세하게 설명하였다.

2. 한글만으로는 의미 전달이 불분명한 경우 한문을 병기하였다.

3. 수계의 용어와 절차에 있어 우리나라와 대만의 실정상 차이가 나는 부분도 있으나 다른 나라 불교를 이해하는 측면에서 그대로 번역하였다. (예 : 24 유명계, 26 보살 옷, 30 조석 예불문 가운데 삼귀의 등)

4. 원문에는 각주가 없지만 독자들의 이해를 돕기 위해 추가하였다.

5. 오계 관련 마지막 페이지의 '생각 더하기'는 불자들의 신행에 주요한 사항이라고 생각되어 내용을 추가하였다.

초심자를 위한
바른 수계 길잡이

수계 50 문답

Q&A

受戒 50 問答

법고문화편집부 편저

정현 역주

담앤북스

계율이 있어야
진정한 자유가 있다

　많은 사람들이 '계戒'를 제약이나 부자유와 동일시한다. 계를 받고 나서 지키지 못하거나 잘 실천하지 못하면 어쩌나 걱정하기도 한다. 심지어 계를 범하고 과보를 받을까봐 근심하면서 아예 계를 받지 않기도 한다. 그러나 계를 받지 않으면 정말로 사는 데 제약이 없을까? 인생이 참으로 자유로울까?

　고대 희랍의 철학자 피타고라스는 '자기 자신을 제어할 줄 모르는 이는 자유로운 인간이라 할 수 없다'고 했다. 소크라테스 또한 '진정한 자유인은 자신의 자유 권리와 자유 목적을 명백히 아는 사람이다. 사물의 선함을 따르는 것이 곧 자유이고, 그렇지 못하면 자유가 없는 것이다'라고 말했다.

계는 위험을 피하고 바른길을 가도록 도와주는 인생의 교통신호와 같다

계는 사실 아주 간단하다. 사람들이 지나치게 어렵고 복잡하게 생각할 따름이다. 성엄 스님은 '계를 정의하자면 마땅히 해야 할 것은 반드시 행하고, 하지 말아야 할 것은 안 하는 것이다'라고 아주 정확하게 설명하셨다.

우리는 집을 나서면 붉은색과 녹색의 신호등을 기준으로 건너가도 될지 말지를 판단한다. 만약 도로에 신호등이 없다면 혼란이 일어나 수시로 교통사고가 발생할 것이다. 마찬가지로 사람의 인생에 계가 없다면 어떤 것을 꼭 해야 하는지 어떤 것은 하지 말아야 하는지 알 수가 없다. 마치 교통신호가 없는 도시에서 규칙도 없이 이곳저곳을 마음대로 돌아다니는 것과 같다. 이 경우 자유로울 것 같지만 실질적으로는 눈을 감은 채 길을 다니면서 자신을 위험한 곳으로 몰아넣으면서도 그것을 모르는 것과 같다.

계는 생활을 자유자재하게 만든다

계는 생활을 제약하는 것이 아니라 규율을 부여하여 우리의 몸과 마음을 깨끗이 하고 자유자재한 삶을 살게 만든다. 또한 우리가 해야 할 일과 하지 말아야 할 일을 알고 지킬 수 있도록 올바로 인도한다. 계는 말하자면 사람과 사람이 지녀야 할 일종의 미덕으로서, 그릇된 행위를 예방하고 나쁜 짓을 하지 않으며 선한 행위들을 실천하도록 돕는다. 이것이 바로 부처님께서 계를 제정하신 목적이다.

『화엄경』에 '계는 위없는 보리의 근본'이라고 하였다. 사람의 몸을 받으면서 우리는 과거세에 쌓아 온 습기習氣를 함께 가지고 태어난다. 불교를 배운 이후에는 반드시 인과를 믿고 인연을 명백하게 알아야 하며 부처님의 가르침을 잘 따라야 한다. 부처님의 제자가 되려면 계를 받고, 계를 배우고, 계를 지키는 일의 중요성을 잘 이해해야 한다. 스스로 불자라고 여기면서 부처님께서 설하신 법을 믿으려 하지 않고, 계율을 지키려 하지 않는다면 어떻게 진정한 불자라고 부를 수 있겠는가!

성엄 스님은 이렇게 설법하셨다.

"불교의 근본정신은 계율의 존엄에 있다. 그것은 곧 불제자들이 계율을 존중하고 잘 지키는 것이다. 그러므로 불자가 되려면 재가불자든 출가자든 일단 불문에 들어와 계를 받는 것이 제일 중요하다. 계를 받지 않으면서 자칭 불교를 믿는다거나 불교를 배운다 말하더라도 불교의 승인을 받은 것이 아니다. 바꿔 말하면 그런 이들은 '문 밖에 서성이는 사람'일 뿐이다."

계를 받고 배우고 지켜야
비로소 진정한 부처님 제자가 될 수 있다

계는 우리의 몸과 마음을 청정하게 만드는데도 불구하고 범할 것이 두려워 계를 받지 않는다면 이는 계의 의의와 목적을 제대로 이해하지 못했기 때문이다. 그러면 어떻게 몸과 마음을 청정하게 유지할 수 있을까? 첫 번째 해야 할 일은 자기의 청정하지 못한 번뇌를 발견하고 대면하는 것이다. 계율이 있으면 수시로 스스로를 관찰하고 비추어 보면서 번뇌를 해결할 수 있다. 혹 부주의로 계를 범하게 되더라도 진심으로 참회하면 삶의 번뇌를 없애는 방향으로 조금씩 나아가고 몸과 마음이 자연스럽게 점차 청정해지고 점점 자유로워진다.

만약 계를 받고 나서 배우지 않는다면 이것은 나태하고 어리석은 것이다. 만약 배우고도 지키지 않는다면 남의 보물을 세는 격이라 하겠다. 계를 받고 배우고 지키고 싶은 사람이나 계율에 대해 정확한 인식을 확립하고 싶은 이에게 『수계 50문답』이 정확하고 실용적인 도움을 줄 수 있을 것이다.

제1장 「계 받고 불자 되기」에서는 수계의 의의와 목적을 정확하게 인식할 수 있고, 제2장 「계를 배우는 방법」에서는 배워야하는 계의 내용을 명확하게 파악할 수 있도록 하였다. 제3장 「지계의 의지 견고하게 세우기」에서는 지계의 방법을 소개하였다. 성엄 스님이 '계율은 불자들의 생활을 지켜 주는 유일한 방부제다'라고 하신 말의 의미를 알 수 있다. 제4장 「청정한 마음 지키기」에서는 계법과 관련된 의문들을 해결할 수 있다.

우리는 어린 시절부터 어른이 되기까지 크고 작은 여러 가지 규칙과 제한을 받아 왔다. 부모님의 가정교육과 학교 교칙, 회사의 제도와 사회규범, 혹은 맡은 역할과 사는 장소에 따라 여러 가지 다른 제한과 제약들이 있다. 『화엄경』에서 일체 법은 마음이 만들어 낸다는 '일체유심조一切唯心造'를 말하듯이 만약 계를 받는 것이 일종의 제약이나 제한이라고 생각하면 영원히 제한을 받게 된다. 그러나 이러한 제한을 삶의 방향을 바꾸고 앞날을 비춰 주는 일종의 밝은 빛으로 여긴다면 계는 우리에게 정확한 길을 보여 주고 자유자재로 다닐 수 있도록 한다. 제약은 우리가 앞으로 나아갈 수 있는 동력이 되며 그때부터는 더 이상 제약이 아니다.

마지막으로 성엄 스님의 법문을 통해 여러분들께 격려를 전하고자 한다.

"계의 공능은 청정과 정진에 있다. 율의 작용은 화락和樂과 무쟁無諍에 있다. 청정과 정진, 화락과 무쟁이 바로 지금 세상의 모든 가정과 사회가 필요로 하는 것 아닌가?"

_ 법고문화편집부

목차

제2장

계를 배우는 방법

제3장
지계의 의지 견고하게 세우기

제4장

청정한 마음 지키기

1

계 받고
불자 되기

01
왜 계를 받아야 하는가?

어떤 이는 계라는 글자를 듣기만 해도 긴장을 한다. 계의 여러 조항에 구속된다고 여겨서 계를 받지 않는 것이 차라리 낫다고도 생각한다. 일단 계를 받으면 생활 속에서 이렇게 하면 안 되고 저렇게 해도 안 되니 행동이 자유자재할 수 없으므로 그냥 불교만 배우고 계는 받지 말아야겠다는 생각을 하기도 한다.

불법을 배우는 보호망

그런데 사실 이런 생각은 계의 뜻을 오해하거나 수계의 공덕과 내용에 대해 제대로 이해하지 못하기 때문에 일어난다. 불교의 계율은 어떤 말도 하지 말고 어떤 행동도 하지 말라고 요구하는 것이 아니다. 자신을 해치고 다른 사람도 해치는 그런 일들을 하지 말라고 경각심을 일으켜서 우리 자신과 타인을 함께 보호하는 것이 목적이다. 예를 들면 오계五戒 중에 불살생, 불투도, 불사음, 불망어 등 네 가지 조항은 사람이 지켜야 할 기본 원칙이다. 불음주계는 술을 마심으로 인해 마음의 불안정이 생기지 않도록 우리를 보호하기 위한 조항이다. 오계와 보살계는 불교를 배우는 데 있어서 중요한 보호망으로서 마음을 편안하게 안정시켜 불법을 잘 배울 수 있게 만든다. 부끄러움을 알고 자주 참회를 함으로써 수시로 자신을 고쳐서 인생의 품격을 지속적으로 상승시킬 수 있게 된다.

수계는 곧 부처님의 가르침을 받아들이겠다는 발원과 의지를 나타내는 행위이다. 불법의 지혜를 학습하겠다는 의지이며 부처님을 자기 수행의 밝은 등불로 삼겠다는 발원으로서, 기쁜 마음으로 진정한 불교 신자가 되는 과정이다.

공경하는 마음으로 절하면서 삼귀의계를 받을 때 보통 오계를 동시에 받는다. 오계는 불자의 다섯 가지 기본 생활원칙일 뿐만 아니라 모든 불교계율의 근본이다. 불교를 바르게 알려면 무엇부터 배워야 할까? 바로 부처님의 삼업[身口意]을 따라 배우는 데서 시작해야 한다. 수행은 생활 가운데서 과실을 고쳐 선한 방향으로 나아가는 것으로서 우리의 행위를 교정하는 것이다. 계를 지킴으로써 우리가 가진 성격과 언행을 살피고 맑게 가라앉혀서 안정시킬 수 있다. 이렇게 하면 인품이 향상될 뿐 아니라 다른 사람들에게까지 친화력과 안정적인 힘을 제공할 수 있다.

심신의 평온과 번뇌의 감소

지계의 공능^{功能}은 외부로부터 생활의 평안을 지켜 주고 자기 내면의 번뇌를 조복시키고 변화시킬 수 있게 한다. 번뇌가 자주 발생하는 것은 일시적인 탐심이나 성냄 혹은 미련 등의 정서적 이유 때문이다. 구름이 해를 가리듯 우리 마음이 이러한 정서로 덮여 있을 때 계율은 우리를 일깨워서 올바른 방향으로 되돌아가도록 해 준다. 마치 구름이 사라지면 자연스럽게 태양을 볼 수 있듯이 우리가 방향을 잃지 않도록 이끌어 준다.

계를 받기 전에는 입 밖으로 내뱉는 말이 남에게 상처를 준다는 것을 몰랐을 수도 있다. 그런데 계를 받고 나면 나쁜 말을 하지 말아야 한다는 불악구^{不惡口}를 떠올리고, 남에게 손해를 주거나 상처를 주는 말들을 순간적으로 내뱉지 않으려고 노력하게 된다. 더 나아가서는 자비로운 말과 유연한 말을 배우게 된다. 이러한 변화는 지혜의 힘을 증장시키고 자비심도 배양시킨다.

불교의 계율은 악한 행위를 하지 않는 것^{諸惡莫作} 외에도 적극적으로 선한 행위를 실천하는 것[衆善奉行]까지 포함한다. 이렇게 함으로써 몸과 마음이 청정한 상태에[自淨其意]에 도달하고, 나아가 자리이타의 보살도를 실천하게 된다. 계를 받고[受戒], 계를 배우고[學戒], 계를 지키는[持戒] 것은 좋은 일을 하고, 좋은 말을 하며, 좋은 방향으로 변화되도록 만들 뿐 아니라 부처님의 삼업을 따라 배워 궁극적으로는 부처가 되게 한다.

02

수계의 좋은 점은 무엇인가?

불교는 계정혜 삼무루학三無漏學 가운데 계를 기초로 삼을 것을 강조한다. 수계와 지계를 통해 얻을 수 있는 제일 좋은 점은 우선 마음의 안정이다. 타인에게 손해를 주고 자신에게도 이익되지 않는 일은 하지 않고 자신과 타인을 보호하는 행위들을 하면 마음속에 자연스럽게 부끄러움이 없어지고 편안해진다. 사람은 마음이 편안해지면 자연히 안정되어서 자기 마음이나 환경을 관조할 수 있는 힘이 커지고, 그에 따라 지혜가 자연스럽게 생겨난다. 생활 속에서 이렇게 운영할 수 있으면 즐겁고 지혜로운 삶을 사는 사람이 된다.

불법에서 말하는 세간世間은 사바세계이다. 고뇌를 참고 받아들여야 하는 감인세계堪忍世界라는 뜻이다. 세간의 본질은 '고苦'라는 의미이기도 하다. 그러나 인간 세상이 비록 고통이라고 해도 육도六道 가운데 오직 인간만이 선을 행하고 복을 쌓을 수 있으며, 수계를 통해 계를 얻을 수 있다. 인간만이 기억력과 사고력을 가지고 청정한 행을 닦을 수 있고, 자신을 절제할 수 있는 의지가 있으므로 끊임없이 정진하여 향상할 수 있다.

지계의 공덕

지계가 청정한 이는 세상 사람들이 존경할 뿐 아니라 불보살님들과 호법신장 및 천룡팔부의 천신들이 모두 보호해 준다. 『계향경戒香經』에서 말한 것처럼, 세상에는 여러 가지 향기가 있는데 바람을 따라서 맡을 수 있고 보통은 맡을 수 없다. 부처님의 청정한 계를 잘 지키고 선법을 실천함으로써 생기는 계향은 온 천하에 두루 퍼지므로 누구나 맡을 수 있기 때문에 여러 중생들이 칭찬하고 모든 마군은 멀리 도망간다.

『장아함경』에는 일반인들이 계를 지킴으로써 얻는 다섯 가지 공덕에 대해 다음과 같이 이야기하고 있다.

첫째, 원하는 바를 이룰 수 있다.

둘째, 재산이 증가하고 손실이 없다.

셋째, 가는 곳마다 사람들이 따르며 존경한다.

넷째, 고귀한 명예가 천하에 두루 퍼진다.

다섯째, 임종하면 반드시 천상에 태어난다.

지계의 이익

수행에 뜻을 둔 사람이 계를 지키면 다음의 열 가지 이익이 있다.

① 지혜와 서원의 만족 : 금계禁戒를 지키면 몸과 마음이 청정해지고 지혜의 성품이 밝게 빛나며, 모든 지행智行과 서원誓願을 다 만족하게 된다.

② 부처님을 따라 배움 : 부처님께서 처음 성도하실 때 계를 근본으로 삼아서 과위를 얻으셨으므로 청정한 계를 잘 지키는 일은 바로 부처님의 삼업을 따라 배우는 길이다.

③ 지혜로운 이를 비방하지 않음 : 계행이 청정하면 신업과

구업에 과실이 없으며, 지혜가 많아져서 찬탄과 즐거움이
가득하여 비방하지 않는다.

④ 서원에서 물러나지 않음 : 청정한 계를 굳게 지키면 보리
를 증득하고자 하며 서원이 넓고 깊어서 용맹정진 하고 물
러서지 않는다.

⑤ 올바른 행에 안주함 : 계율을 굳게 지키면 신구의 삼업이
모두 청정하여 올바른 행에 편안히 머물면서 바른길을 벗
어나지 않는다.

⑥ 생사를 벗어남 : 청정한 계를 받아 지니면 살殺·도盜·음婬·
망妄 등의 무거운 업을 짓지 않으므로 생사를 떠나 윤회의
고통에서 영원히 벗어날 수 있다.

⑦ 열반을 좋아하고 흠모함 : 계율을 굳게 지키면 모든 망상
을 끊으며 생사의 고통을 싫어하고 열반을 좋아하며 흠모
하게 된다.

⑧ 얽매임 없는 마음을 얻음 : 계의 공덕이 원만하고 밝으면
마음의 체體가 맑고 깨끗하여 일체 번뇌의 업과 인연으로
부터 해탈하여 모든 얽매임의 근심이 사라진다.

⑨ 수승한 삼매를 얻음 : 지계청정하면 마음이 산란하지 않아

곧 삼매가 성취되고, 선정의 특성이 현전하여 모든 유루업을 초월한다.

⑩ 신심과 재물이 부족하지 않음 : 계율을 지키면 불법에 대한 올바른 신심이 갖춰지고 일체공덕의 법과 재물이 생겨서 부족함이 없어진다.

수계와 지계는 갖가지 불가사의한 공덕의 힘을 가지고 있다. 지계의 원력을 거치면서 업력이 변화하여 악이 선으로 바뀌고 범부가 성인으로 전환된다.

03
무엇이 계율인가?

계율은 불자가 개인의 몸과 마음을 정화시키는 수단으로 사용하는 생활 준칙이며 사회를 정화하는 단체 규약이다. 더욱 특별한 점은 승단을 화합시키는 운영 규범이라는 사실이다.

방비지악防非止惡

계율은 복합명사이다. 계는 범어로 시라sīla인데 그릇됨을 예방하고 악을 그치는 계법을 말한다. 율은 범어로 비나야vinaya인데 생활의 규율을 의미한다. 이처럼 계와 율은 원칙적으로 다른 의미를 가지고 있지만 두 단어를 합쳐 쓰면 불교 교단의 도덕성과 법률성을 유지시키는 규범을 표시한다.

계율은 불교의 근본

　계는 마음속으로 자발적으로 규율을 준수하는 것으로서 정신적이며 자율적인 영역에 속한다. 율은 교단의 질서를 유지하기 위하여 여러 가지 항목과 벌칙을 규정한 것으로서 형식적이며 타율적인 영역에 속한다.

　성엄 스님이 말했듯이 계의 공능은 청정과 정진에 있고, 율의 작용은 화합과 무쟁에 있다. 계율은 단지 수행의 기초만이 아니라 정법이 세상에 머무는 근본이 된다.

04

부처님께서는 어째서
계율을 제정하셨을까?

부처님께서는 성도하신 이후 최초 몇 년간 계율을 제정하지 않으셨다. 초기 불제자들은 근기가 특별히 수승해서 부처님께서 설법하시는 내용을 가끔 듣는 것만으로도 바로 깨달음을 얻고 성인의 과위에 들어갔기 때문이다.

그래서 부처님 재세 시의 초기 승단은 대중의 생활행위가 매우 청정했다. 따라서 계율을 제정해서 사람들을 구속할 필요가 없었다. 부처님 성도 후 5년째 되던 해 한 비구가 어머니의 강압에 못 이겨 출가 전의 아내와 음행을 한 일을 계기로 불교 내에서 계율이 처음으로 제정되었다. 그 이후로 사건이 발생할 때마다 차례로 하나씩 계율이 만들어졌다. 이것은 승단의 청정과 장엄을 유지하기 위해서였고, 승단의 대중이 계체를 잃어버리지 않도록 보호하기 위한 목적이었다.

승단 계율의 열 가지 이익

　부처님께서는 일찍이 모든 출가 대중들에게 승단의 계율을
제정한 이유와 이를 잘 지켜야 하는 이유를 설명하면서 다음의
열 가지 이익을 얻을 수 있다고 하셨다.

　① 성인의 무리가 끊이지 않고 이어진다.
　② 화합하여 수순한다.
　③ 성인의 무리를 안온하게 만든다.
　④ 악인을 항복시킨다.
　⑤ 참괴심慙愧心을 가진 비구들을 더 이상 번뇌롭지 않게 하고
　　안락하게 만든다.
　⑥ 믿지 않는 사람들로 하여금 믿음의 뿌리를 내리게 한다.
　⑦ 이미 믿는 이들의 믿음을 더욱 증장시킨다.
　⑧ 현세의 번뇌를 소멸시키고, 후세의 모든 번뇌를 전부 제거
　　한다.

⑨ 정법이 세상에 오래 머물게 한다.

⑩ 항상 정법이 오래 세상에 머물 수 있는 방편을 생각하고 사유하게 된다.

부처님께서 계율을 제정하신 이유와 용도는 승단의 대중들이 계율을 잘 준수하여 열 가지 이익을 얻을 수 있기를 희망하셨기 때문이다.

비록 불교의 계율이 많다고 해도 오계의 기본 원칙을 벗어나지 않는다. 일체 계의 목적은 모두 오계를 청정하게 보호하기 위한 것이다. 비구계는 열반으로 가는 가교이지만 이것 또한 오계를 바탕으로 승화된 경지이다. 계의 공능은 생사윤회를 끊어 버리는 것이다. 생사의 인因을 짓지 않으면 곧 생사의 과보도 받지 않는다.

승단의 해탈도와 방부제

　성엄 스님은『계율학강요』[1]에서 계율의 제도는 부처님께서 제
자들을 속박하기 위해서가 아니라 제자들이 진실로 해탈도를
얻을 수 있도록 만든 것으로서 승단의 방부제라고 강조했다. 생
활 규범의 기준으로 삼을 계율이 없으면 불자들은 생사에서 벗
어나기가 참으로 어렵다. 승단에서 대중을 통섭하고 교화할 수
있는 강령인 계율이 없다면 불교는 이리저리 흩어진 모래처럼
변질해서 숱한 문제들이 생겨날 것이다. 이런 이유로 부처님께
서는 계율을 제정하셨으며, 열반에 이르러 또다시 후세의 불자
들에게 '반드시 계를 스승으로 삼으라'고 당부하셨다.

1　우리나라에서는 진목 스님이『행복한 믿음으로 가는 길(계율학강요)』(하늘북,
　2008년)로 번역 출간하였다.

05

불교의 계와 세상의 계는 어떻게 다른가?

불법의 입장에서 계는 세상의 계와 불교의 계가 있는데 이 둘은 다르다. 부처님께서 제정하신 계를 제외한 나머지 모든 계는 세상의 계라 하겠다. 불교의 계가 세상의 계와 다른 점은 출발점의 차이와 목적지의 차이에 있다.

계율은 자신을 위해서 지킨다

대부분의 종교에서 계를 지킨다는 의미는 신의 의지를 따르는 것이다. 만약 준수하지 않으면 신의 뜻을 위배하고 신을 분노하게 만들어 벌을 받는다. 불교는 그렇지 않다. 불계佛戒는 비록 부처님께서 제정하셨지만 그것을 지킬지 말지 여부는 전적

33

으로 각 개인에게 달렸다. 부처님께서 계를 제정하신 근거는 중생의 의지에서 비롯된 것이며 절대로 누군가를 강제하지 않는다. 계는 부처님을 위해서 지키는 것이 아니라 각자의 자유 의지로 자기 자신을 위해서 지키는 것이다.

계율 준수의 중도 정신

많은 종교에서 계율 준수는 어느 한 부분에 편중되기 쉽다. 어떤 이들은 계율을 지키는 목적이 세상을 벗어나는 데 집중되어 있기 때문에 천상에 태어나고 싶어서 형상적인 부분 혹은 출세^{出世}에 쉽게 치우친다. 또 어떤 이들은 계율 준수의 목적이 세상 속으로 들어가는 데 있기 때문에 윤리적 질서의 유지나 현세의 안락을 향유하는 데 치중한다. 그러나 불교에서 부처님께서 제정하신 계를 준수하는 이유는 인간을 복되게 할 뿐 아니라 세상의 괴로움에서 벗어나 해탈을 얻을 수 있기 때문이다. 그러므로 세상을 벗어나는 것과 세상에 들어가는 것 모두에 자재할 수 있다.

계를 준수하려면 계체를 받아야 한다

세상의 일반적인 계는 형식적으로 준수하면 되고 계체戒體2를 받아들일 필요는 없다. 불교의 계는 그렇지 않다. 계체의 전승과 받아들임을 매우 강조한다. 불교의 계는 부처님께서 제정하신 것이고 불제자가 되려면 반드시 스승과 제자 사이에 서로 주고받아야 한다. 또 계를 받은 사람만이 다른 사람에게 전해줄 수 있다. 이 계체는 부처님으로부터 받아서 시작된 것으로 수계를 통해 계체를 받아들임으로써 비로소 부처님의 법신을 자신의 마음 가운데에 받아들이고, 사람을 인도하여 자성이 곧 부처라는 사실을 깨닫게 한다.

완전한 불계佛戒를 받아 지닌다

일반적인 세상의 계는 규제한 행위를 버리도록 가르칠 뿐 스스로 논리체계를 가질 수는 없다. 불계佛戒는 불교의 경·율·론

---

2 수계를 통해 얻어지는 방비지악防非止惡의 공능을 가진 보이지 않는 힘을 말한다. 특히 도선율사는 계체를 제8아뢰야식의 선종자를 훈습하는 힘이라고 보았다.

삼장 가운데 율장으로 분류된다. 이 계는 계법^{戒法}, 계체^{戒體}, 계행^{戒行}, 계상^{戒相}의 네 가지 주요사항으로 구성되어 있다. 이 중 하나라도 부족하면 불계를 지킨다고 할 수 없고 단지 인천의 복을 바라여 세상의 계를 지키는 것이 된다.

이로써 불교를 믿고 배우려면 왜 꼭 불계를 받고 지켜야 하는지 명백해졌을 것이다.

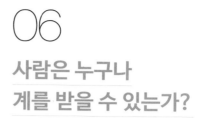

사람은 누구나
계를 받을 수 있는가?

사람을 제외한 다른 중생들은 계를 받을 수 없다. 이것으로써 우리는 수계의 인연이 얼마나 귀한지 알 수 있다. 사람 몸 받기가 얼마나 어려운지 이해하면 금생에 수행하는 일이 급한 것을 알 수 있다. 그러나 모든 사람들이 다 계를 받을 수 있는 것은 아니다. 오역죄五逆罪를 범하지 않은 사람과 자신의 청정한 계를 무너뜨리지 않고 타인의 청정한 계를 깨뜨리지 않은 사람만이 계를 받을 수 있다.

오역죄를 범하지 않아야 한다

오역죄란 다섯 가지 중대한 죄로서, 부모·아라한을 살해한 죄, 화합승가를 깨뜨린 죄, 부처님의 몸에 피를 낸 죄를 말한다. 이 중에 부모를 살해한 중죄를 제외한 나머지 세 가지는 일반인들이 범할 가능성이 거의 없는 죄다.

부처님께서는 2천여 년 전에 입멸하셨기 때문에 현대인들이 부처님의 몸에 상해를 입히거나 피를 흘리게 할 일은 없다. 또한 출가자가 아니고서는 승단의 화합을 깨뜨릴 가능성도 거의 없다.

불교 역사상 부처님께서 세상에 머무실 때 제바달다 한 사람이 화합승을 깨뜨리는 죄와 부처님 몸에 피를 내는 두 가지 대역죄를 범했다. 말법시대에는 아라한이 세상에 출현하기가 어려우므로 아라한을 살해하는 일은 더욱 쉽지 않다.

청정한 계를 깨뜨리지 않아야 한다

청정한 계란 청정한 행[梵行]을 가리킨다. 정계淨戒를 깨뜨렸다는 것은 곧 청정한 행을 무너뜨린 것으로서 음행계를 범한 것을 말한다. 보통 사람이라면 출가자의 청정한 행을 훼손한다든지, 자신의 청정한 계를 깨뜨리거나 혹은 음행으로 타인의 청정한 계를 무너뜨릴 가능성도 크지 않다. 만약 정말로 이러한 무거운 죄를 범했다면 불교의 계를 아직 받지 않았다 하더라도, 부처님께서 제정하신 일체의 모든 계를 받을 수 없다. 불법의 바다 가장자리로 영구히 버려지는 것과 같아서 청정한 계를 파하는 것을 변죄邊罪라고 부른다.

수계를 하려면 위와 같은 일종의 규범이 있기는 하지만, 일반인의 입장으로 말하면 모든 사람이 계를 받을 기회가 있다고 하겠다. 진심으로 계를 받고자 희망하면 특별히 곤란한 조건은 없다.

07

재가자는
어떤 계를 받을 수 있는가?

재가자란 재가에서 수행하는 불자를 지칭하는 말이다. 재가에서 받을 수 있는 계는 삼귀의계, 오계, 팔관재계, 보살계의 네 종류가 있다.

삼귀의계

어떤 이들은 삼귀의는 계가 아니고 오계부터 계라고 생각하는데 사실은 삼귀의도 계에 속한다. 계는 금지의 뜻을 담고 있는데 삼귀의 후반에 다음과 같은 세 가지의 금지사항이 들어 있기 때문이다.

① 귀의불^{歸依佛}, 진형수불귀의천마외도^{盡形壽不歸依天魔外道} :
부처님께 귀의합니다. 목숨이 다할 때까지 천마외도에게
귀의하지 않겠습니다.

② 귀의법^{歸依法}, 진형수불귀의외도사설^{盡形壽不歸依外道邪說} :
법에 귀의합니다. 목숨이 다할 때까지 외도의 삿된 가르침
에는 귀의하지 않겠습니다.

③ 귀의승^{歸依僧}, 진형수불귀의외도도중^{盡形壽不歸依外道徒衆} :
승가에 귀의합니다. 목숨이 다할 때까지 외도의 무리에게
귀의하지 않겠습니다.

이것으로써 삼보에 귀의하는 그 자체에 이미 일종의 계의 특
징이 담겨 있음을 확인할 수 있다.

오계

오계는 불교의 근본계이며, 인간이 되기 위한 근본도덕이며,
윤리적 기본덕목이다. 다섯 조항이 있는데 다음과 같다.

① 불살생^{不殺生} : 핵심은 사람을 살해하지 않는 것이다. 물론 더 나아가서 동물도 살해하지 않는다면 자비심을 증장하므로 더욱 좋다.

② 불투도^{不偸盜} : 주지 않는 것을 취하거나 알리지 않고 가지고 가는 것을 투도라고 한다.

③ 불망어^{不妄語} : 말이 진실 되지 않은 것이 망어이며, 말 가운데 날카로운 칼을 품은 것이 악구이며, 시비를 일으키거나 이간질하는 말은 양설이며, 교묘하게 꾸며대는 말이나 외설적인 말은 기어이다. 이 네 가지가 모두 망어에 속한다.

④ 불사음^{不邪婬} : 일반적으로는 안정적이지 않고 비정상적이거나, 법률 혹은 풍속이 인정하지 않는 성행위는 모두 삿된 음행[邪婬]에 속한다.

⑤ 불음주^{不飮酒} : 술 자체는 원래 죄악이 아니다. 그러나 술을 마시고 나서는 정신이 산란하고 마음이 혼미해질 수 있고, 자신을 제어하지 못하고, 남에게 피해를 주고 스스로도 상하게 만드는 부적당한 행위를 하므로 음주를 금하게 되었다.

팔관재계 八關齋戒

팔관재계는 재가자들이 육재일에 하루 낮 하루 밤 동안 출가자의 계율을 지켜서 세간을 벗어나는 올바른 인[正因]을 심을 수 있도록 부처님께서 정하신 것이다. 여덟 가지는 다음과 같다.

① 살생하지 않는다.

② 훔치지 않는다.

③ 음행[3]을 하지 않는다.

④ 거짓말을 하지 않는다.

⑤ 술을 마시지 않는다.

⑥ 화장이나 장식용 화만을 사용하지 않고, 몸에 향수를 바르지 않으며, 가무나 노래 등을 하지 않고, 굳이 가서 오락이나 유희를 보고 듣지 않는다.

⑦ 높고 넓은 침상에 앉거나 눕지 않는다.

⑧ 정오가 지나면 음식을 먹지 않는다.

---

3 재가자의 오계에서는 배우자가 아닌 상대 혹은 부적절한 때와 장소에서의 음행 [邪婬]을 금지하지만 팔관재계는 음행 자체를 금지한다.

보살계

보살계는 보살이 받는 계로서 사불괴신四不壞信, 삼취정계三聚淨戒, 십선계十善戒, 십무진계十無盡戒 등이 포함된다.

【사불괴신四不壞信】

① 종금신지불신從今身至佛身, 진미래제귀의불盡未來際歸依佛 :
지금 이 몸부터 부처가 될 때까지 미래제가 다하도록 부처님께 귀의합니다.

② 종금신지불신從今身至佛身, 진미래제귀의법盡未來際歸依法 :
지금 이 몸부터 부처가 될 때까지 미래제가 다하도록 법에 귀의합니다.

③ 종금신지불신從今身至佛身, 진미래제귀의승盡未來際歸依僧 :
지금 이 몸부터 부처가 될 때까지 미래제가 다하도록 승가에 귀의합니다.

④ 종금신지불신從今身至佛身, 진미래제귀의계盡未來際歸依戒 :
지금 이 몸부터 부처가 될 때까지 미래제가 다하도록 계에 귀의합니다.

【삼취정계】

① 종금신지불신從今身至佛身, 진미래제수지일체율의盡未來際受持一切律儀 : 지금 이 몸부터 부처가 될 때까지 미래제가 다하도록 일체율의를 받아 지니겠습니다.

② 종금신지불신從今身至佛身, 진미래제수학일체선법盡未來際修學一切善法 : 지금 이 몸부터 부처가 될 때까지 미래제가 다하도록 일체선법을 닦고 배우겠습니다.

③ 종금신지불신從今身至佛身, 진미래제요익일체유정盡未來際饒益一切有情 : 지금 이 몸부터 부처가 될 때까지 미래제가 다하도록 일체유정에게 이익을 주겠습니다.

【십선계】

① 살생을 하지 않겠습니다.

② 도둑질을 하지 않겠습니다.

③ 삿된 음행을 하지 않겠습니다.

④ 거짓말을 하지 않겠습니다.

⑤ 꾸며대는 말을 하지 않겠습니다.

⑥ 이간하는 말을 하지 않겠습니다.

⑦ 악하고 거친 말을 하지 않겠습니다.

⑧ 욕심부리는 마음으로부터 벗어나겠습니다.

⑨ 화내는 마음으로부터 벗어나겠습니다.

⑩ 잘못된 견해를 마음에서 버리겠습니다.

【십무진계+無盡戒】

① 종금신지불신從今身至佛身, 진미래제불살생盡未來際不殺生 : 지금 이 몸부터 부처가 될 때까지 미래제가 다하도록 살생하지 않겠습니다.

② 종금신지불신從今身至佛身, 진미래제불투도盡未來際不偸盜 : 지금 이 몸부터 부처가 될 때까지 미래제가 다하도록 훔치지 않겠습니다.

③ 종금신지불신從今身至佛身, 진미래제불사음盡未來際不邪婬 : 지금 이 몸부터 부처가 될 때까지 미래제가 다하도록 삿된 음행을 하지 않겠습니다.

④ 종금신지불신從今身至佛身, 진미래제불망어盡未來際不妄語 : 지금 이 몸부터 부처가 될 때까지 미래제가 다하도록 망어를 하지 않겠습니다.

⑤ 종금신지불신從今身至佛身, 진미래제불고주음주盡未來際不酤酒
飲酒 : 지금 이 몸부터 부처가 될 때까지 미래제가 다하도록
술을 팔거나 마시지 않겠습니다.

⑥ 종금신지불신從今身至佛身, 진미래제불설재가출가보살죄과
盡未來際不說在家出家菩薩罪過 : 지금 이 몸부터 부처가 될 때까지
미래제가 다하도록 재가보살과 출가보살의 허물을 말하
지 않겠습니다.

⑦ 종금신지불신從今身至佛身, 진미래제부자찬훼타盡未來際不自讚毀
他 : 지금 이 몸부터 부처가 될 때까지 미래제가 다하도록
자신을 칭찬하고 남을 비방하지 않겠습니다.

⑧ 종금신지불신從今身至佛身, 진미래제불간盡未來際不慳 : 지금 이
몸부터 부처가 될 때까지 미래제가 다하도록 인색한 마음
으로 자기 것을 아끼려고 남을 욕하지 않겠습니다.

⑨ 종금신지불신從今身至佛身, 진미래제불진盡未來際不瞋 : 지금 이
몸부터 부처가 될 때까지 미래제가 다하도록 성내는 마음
으로 참회를 받지 않는 일이 없도록 하겠습니다.

⑩ 종금신지불신從今身至佛身, 진미래제불방불법승삼보盡未來際不
謗佛法僧三寶 : 지금 이 몸부터 부처가 될 때까지 미래제가 다

하도록 삼보를 비방하는 일을 하지 않겠습니다.

보살계는 일체 부처님이 능히 성불할 수 있었던 근본으로, 지금부터 성불하는 그때까지 미래제가 다하도록 받아 지녀서 자신을 제도하고 다른 사람도 제도하여 불도를 성취하게 만드는 계이다.

08

왜 불법승 삼보에
귀의해야 하는가?

불교를 배우는데 왜 반드시 삼보三寶에 귀의해야 할까? 삼보는 불법의 핵심이기 때문이다. 삼보에의 귀경歸敬은 불문에 진입하는 기초이다. 삼보에 귀의하지 않는다면 불교를 배우는 이익을 향유할 인연을 맺지 않는 것이다. 마치 공원의 대문으로 들어서지 않는 것과 같아서 공원의 아름다운 산림과 수목과 꽃들을 즐길 방법이 없다. 그러므로 마음을 내서 불교를 배우려면 가장 먼저 삼보에 귀의해야 한다.

귀의歸依를 글자 그대로 하나씩 해석해 보면, '귀'는 되돌아가다 혹은 돌아가서 의지한다는 뜻이고 '의'는 기대다 혹은 신뢰한다는 뜻이다. 되돌아가서 기대는 행위 혹은 돌아가서 신뢰하는 행위를 모두 귀의라고 한다.

우리가 귀의하는 대상은 불법승 삼보이다.

불보佛寶

불佛은 불교의 교주인 석가모니불이다. 불은 각오覺悟의 뜻이고, 대철대오大徹大悟, 자각각타自覺覺他, 원만철저각오圓滿徹底覺悟하신 성자를 의미하고 존칭으로 불보라고 한다.

이 세계에서는 석가모니 부처님 한 분만 성불하셨다. 그러나 석가모니 부처님께서는 깨달음을 얻으신 후에 모든 중생은 부처의 수행 방법과 도리에 따라 실천하기만 하면 누구나 성불할 가능성이 있다고 말씀하셨다. 또한 이 세계 밖의 타방세계에는 수많은 부처님, 약사불과 아미타불 등 시방삼세일체제불이 있다고 우리에게 알려 주셨다.

미래에는 많은 중생들이 성불할 것이고, 모든 중생들이 다 성불할 가능성을 가지고 있다. 이고득락離苦得樂과 자각각타를 위해서 우리는 부처님을 믿고 불교를 배운다.

법보法寶

법法은 석가모니 부처님께서 깨달으신 인생과 우주의 도리와 고통을 벗어나는 수행방법을 말한다. 이러한 도리와 방법은 우리들에게 어떻게 수행할 것인지, 왜 수행을 해야 하는지, 어떻게 해야 이고득락의 목적지에 도달하는지 등에 대해 가르쳐 준다. 그래서 존칭으로 법보라고 부른다.

부처님께서 세상에 출현하실 때는 인간을 제도하기 위해 법보를 가지고 오신다. 법보를 사용해서 우리가 이고득락하도록 도와주시며 수행하는 방법을 가르쳐 주신다. 수행의 도리를 이해할 수 있도록 할 뿐 아니라 생로병사 등의 고뇌 가운데서 벗어날 수 있게 한다. 그래서 불교 교의敎義는 사람들이 법을 배우도록 가르치는 것이다.

그럼 우리는 누구를 보고 배워야 할까? 바로 승보를 보고 학습해야 한다.

승보僧寶

승僧은 석가모니 부처님께서 세상에 머물면서 제도하신 비구승과 비구니승을 가리킨다. 그들은 불법을 수행함과 동시에 사람들이 불법을 지니고 익히도록 가르쳤고, 불교의 청정과 화합 승단이 유지되도록 했다. 그래서 존칭으로 승보라고 부른다.

출가승단 대중의 외형과 위의 및 생활방식은 욕망을 벗어나고 해탈을 추구하는 불교의 정신을 대표한다. 중생의 고뇌는 내려놓지 못하고 갖가지 탐욕을 벗어나지 못하는 데서 비롯된다. 출가승의 생활방식과 생활형태는 부처님의 본뜻에 가장 근접해 있다. 불교를 배운다는 것은 곧 불법의 생활방식을 배우고 익히며 승가 대중의 생활이념을 실천하는 것이다.

우리가 불법을 듣고 배울 수 있는 것은 모두 승보가 끊어지지 않고 전수되어 왔기 때문에 가능하므로 승보에 감사하고 존경해야 한다.

불교에 대한 올바른 믿음은 삼보를 반드시 갖춰야 하고 어느 하나라도 부족해서는 안 된다. 부처님만 믿고 법과 승은 믿지 않는다면 이는 신을 숭배하는 것과 마찬가지다. 부처님의 가피만 구하고 수행의 방법과 도리를 알지 못한다면 사람들이 보기에 맹목적 미신에 불과하다. 단지 법만 믿고 부처님과 승가를 믿지 않는다면 일종의 학문이나 지식적 탐구에 불과하고 불자라고 할 수 없다. 단지 승 가운데 어느 한 사람만을 믿고 부처님을 믿지 않고 법을 배우지 않는다면 우상숭배와 같다. 만약 특정한 개인을 스승으로 삼아 숭배하고 신뢰하면서 자기를 불자라고 한다면 불교의 가르침에 비춰 볼 때 올바른 믿음이 아니다.

그러므로 불자에게 있어서 귀의의 대상인 삼보에 대한 믿음을 구족하는 것이 얼마나 중요한지 알 수 있다. 솥의 발이 세 개여야 올바로 서듯이 어느 하나라도 결핍되어서는 안 된다.

삼귀의 · 오계를 받아야
진짜 불자가 되는 이유

어떤 이들은 귀의와 수계가 단지 하나의 외형적인 의식이라고 생각하면서, 자신은 어릴 때부터 관음보살님에게 절을 해 왔으므로 원래부터 불자라서 귀의와 수계가 필요하지 않다고 말한다. 그러나 설령 매일 아주 열심히 독경, 좌선, 예불을 하더라도 삼보에 귀의하지 않았다면 명실상부한 진짜 불자라고 할 수는 없다. 그저 자기학습이라고 하겠다.

입학등록하고 정식으로 학습하기

사람들은 모두 경전 독경이나 송경을 할 수 있고, 심지어는 교리를 깊이 연구할 수도 있다. 그러나 이것은 부처님을 따라 배움[學佛]이 아니라 단지 불학佛學 연구이며, 불교학 연구의 영역을 파고드는 것이다. 좌선만 보더라도 불교에만 있는 수행방법은 아니다. 다른 종교에서도 참선하고 수련을 한다. 요가를 가르치는 이들조차 명상을 하거나 좌선을 한다.

그러므로 삼귀의·오계를 받지 않은 사람은 자신을 불자라고 할 수 없다. 성엄 스님이 자주 예를 들었듯이 '입학등록을 하지 않았으면' 그 학교의 정식 학생이라 하지 않고 단지 청강생이라고 부른다. 동등한 학력을 취득하려면 시험을 봐서 통과해야 한다.

불자의 신분 확립

관음보살신앙을 보면 이미 종교적 신앙을 넘어섰기 때문에 불교에만 해당하지 않는다.[4] 일반 민간신앙에서도 관음보살의

---

4 중국에 불교가 전파될 때 보살은 남성상이었으나 당나라 측천무후가 미륵보살의 화신이라 자칭하며 여성의 모습을 한 불상을 만들면서부터 여성적인 모습의 보살상이 나타났다. 그 후 신화나 특정 지역의 고사 혹은 토속신상이 더해지면서 다양한 여성 관음보살 이야기가 유행하였다. 묘선공주와 천수천안관음보살, 마랑부와 백의송자관음, 남해관음 등이 대표적이다. 이들로 인해 관세음보살은

영험을 아주 강조하고 있다. 그러므로 관음보살에게 절을 한다고 해서 자신이 불자라고 여길 수는 없다.

불자의 신분은 전승되어 오는 것이 아니다. 부모가 삼보에 귀의하여 불자가 되었다 해도 자녀가 아직 귀의를 하지 않았으면 불자라고 볼 수 없다. 반드시 귀의하는 스승의 증명 아래서 삼귀의를 수계해야 비로소 진정한 불자가 된다.

삼보에 귀의하고 계를 받는 의식은 불자의 신분을 확립하는 것이다. 이것은 절대로 형식적인 행위가 아니고 불교학습을 통해 나아가야 할 핵심 방향이다. 귀의삼보와 오계 수계는 불교학습의 출발점이다. 이렇게 하여 불자가 되고 난 후에는 부처님을 믿고, 법을 배우며, 승단을 존중해야 한다. 계를 배우고 지키는 과정을 통과해야 비로소 자신이 성불의 길 위를 정확하게 걷고 있음을 확신할 수 있다.

불교적 믿음의 대상에서 보통 사람들이 누구나 믿고 복을 비는 민간신앙의 대상으로 보편화되었다.

10
팔관재계를 지키는 사람은
어째서 생사를 해탈할 수 있는가?

　삼귀의·오계를 받고 삼보제자가 되고 나서 법답게 잘 봉행하기만 하면 사후에 절대로 축생, 아귀, 지옥의 삼악도에 떨어지지 않는다. 오계의 공덕은 우리들로 하여금 인간의 몸을 잘 보호하도록 해 줄 뿐만 아니라, 천도에 천인으로 태어나게 만들 수도 있다.

　그러나 불법의 최종 목적은 생사해탈에 있다. 삼귀의·오계를 수지하여 악도에 떨어지지 않게 함은 단지 생사해탈을 위한 일종의 임시방편이다. 가장 귀한 일은 역시 해탈도의 입구에 들어서는 것이다. 팔관재계는 바로 이 해탈도에 이르는 지름길을 닦아 지니는 것이다.

생사의 문 닫기

만일 팔관재계를 큰 대문이며 하나의 대로라고 한다면 출발점이지 종점은 아니다. 세간을 벗어나는 올바른 인을 심는 것이며 결과는 아니다. 일단 성불에 이르는 길을 찾아 문을 열어젖힌 것이다.

오계를 청정하게 지키는 이는 하늘에 태어나고, 팔계를 청정하게 지키는 이도 하늘에 태어나지만 둘은 차이가 있다. 오계를 지켜 천상에 태어나는 이는 단지 하늘에서 그치고 생사해탈할 수 있는지 여부는 확실하지 않다. 팔계를 지켜 생천生天하는 이는 비록 하늘에 태어나더라도 최종적으로는 반드시 열반의 결과를 얻게 된다. 이 점이 오계와 팔관재계의 큰 차이점이다.

팔관재계는 비록 하루 낮 하루 밤만 받아 지닐지라도 이 공덕으로 인해 반드시 생사에서 해탈하므로 매우 수승한 것이다.

어째서 팔관재계는 이토록 불가사의한 공덕을 갖추고 있는가? 이유는 팔관재계의 핵심이 생사윤회의 문을 닫는 방법을 시설해 놓았기 때문이다.

음욕과 음식에 대한 탐욕 끊기

중생이 생사에 윤회하는 주된 원인은 음욕과 음식 두 가지가 가장 근원이다. 중생이 된 것은 음욕을 끊기가 어려운 것이 주원인이고, 음식은 생사를 증장시키는 조연助緣이다. 일체중생은 음욕과 향락을 탐함으로써 자손의 생사업生死業을 만들며, 자신 또한 생사윤회의 바퀴에 묶이게 된다.

생사를 초월하기 위해서 음욕을 금하며, 음욕을 억제하기 위해서 음식을 조절한다. 음식이 비록 생사의 조연이지만, 음욕은 음식이 만족됨으로 인해서 일어난다. 그러므로 출세出世의 생활은 음욕을 금하고 음식을 조절하는 것으로부터 시작되어야 한다.

11
계체戒體란 무엇인가?

계체는 불자가 수계를 한 후 마음속에 생성된 방비지악(防非止惡, 그릇된 행위를 미리 방지하고 악을 그치게 함)의 공능이며, 계법을 믿음으로 받아서 잘 지키고 가꾸는 의지이다. 우리의 마음을 잘 잡아매고, 안정된 마음이 지속적으로 존재하게 만드는 일종의 역량이다.

성문계의 계체와 보살계의 계체

계체에 해당하는 범어를 구역舊譯5에서는 '무작無作'이라고 했

---

5 구마라집의 번역을 구역이라고 한다.

61

다. 이유는 계를 받는 즉시 더 이상의 조작^{造作}6을 빌리지 않고도 계체가 자연히 항상 상속될 수 있기 때문이다. 신역^{新譯} 7에서는 '무표^{無表}'라고 했는데 이는 계체가 외형상으로 드러나는 것이 없기 때문이다.

 출가 5중^衆과 재가 2중^衆이 각각 받는 성문계는 별해탈계^{別解脫戒}이므로 계체는 목숨이 다하면 소실된다. 즉 인간의 한 생애와 동일한 기간의 수명을 가지며 육체가 사망할 때 계체도 소실된다. 대승보살계는 정해탈계^{正解脫戒}이므로 계체는 미래제가 다하도록 존재한다. 즉 세세생생 영구히 소실되지 않는다.

 『석선바라밀차제법문^{釋禪波羅蜜次第法門}』에 '대승의 가르침에서는 계가 마음으로부터 생긴다고 하는데 이는 곧 선심^{善心}을 계체로 삼는 것'이라고 말한다. 『지관보행전홍결^{止觀輔行傳弘決}』에서 '대승은 비록 심성^{心性}을 계체로 삼지만, 만약 무작계체^{無作戒體}를

---

6 조작^{造作}이란 계를 받기 위해서 몸을 굽혀 절을 하고 입으로 소리를 내어 계사를 청하는 등의 행위를 의미한다. 이런 행위의 작동을 통해 계를 받음과 동시에 계체가 생기고 그렇게 생겨난 계체는 더 이상의 어떤 행위나 조작을 빌리지 않아도 계속 유지된다.

7 현장 스님의 번역을 신역이라고 한다.

발하려면 역시 몸과 입을 의지하는 작계체^{作戒體}를 발해야 한다. 그러나 비록 몸과 입을 의지하더라도, [계]체는 반드시 마음에 있다'고 말한다.

위에서 알 수 있듯이 대승불교는 심성을 계체로 삼는다. 생각을 증가시킬 수 있듯이 계체는 증장시킬 수 있고, 방비지악에 도달할 수 있으며, 미래 생에 선한 결과를 얻을 수 있기 때문에 계비^{戒肥}라고 부르기도 한다. 이와 반대로 계체는 해가 점점 사라지듯이 줄어들어서 결국에는 소실되기도 하는데 이것을 계리^{戒羸}라고 한다.

마음을 마음에 전함으로써 진정한 계자戒子 되기

수계를 할 때 '계체'를 얻는 것이 어째서 그토록 중요할까? 이유는 계체를 얻지 못하면 곧 계를 받지 못한 것이 되기 때문이다. 계를 전할^[傳戒] 때, 계체의 접수는 반드시 스승과 제자 간에 서로 주고받아야 한다. 그 이유는 계체가 부처님으로부터 직접 받아 전달되어 온 것이기 때문이다. 부처님께서 제자에게 전해 주셨기 때문에 일맥一脈으로 계속 서로 전달되어 오다가 현재 수계를 집전하는 전계화상에게까지 이어진 것이다. 그러므로 수계는 반드시 전계화상으로부터 계체를 받아야 한다. 전계화상의 계체는 당연히 그의 윗대 전계화상에게 구해서 얻은 것이다.

이렇게 스승과 스승이 서로 이어 온 것이므로 수계의 관건은 심법의 전승에 있다. 만약 계를 받을 때 전계화상이 말하는 내용을 일심으로 받아들이지 못한다면 설사 수계의식이 아무리 장엄하더라도 본인은 계체를 얻을 수 없다. 오직 자기의 마음과 전계화상의 마음이 서로 계합해서 마음을 마음에 전하고[以心傳心], 마음과 마음이 서로 계합해야[心心相印] 비로소 감응이 있고 계체를 얻는다.

그러므로 계본을 연구하고 계법을 독송하는 일은 아무리 열심히 하더라도 단지 선행일 뿐이며 수승한 과보를 얻을 수 없다. 반드시 정식으로 계를 받아야 비로소 계체를 얻고 진정한 계자戒子가 될 수 있다.

마음에 마음을 전하기

12

계본戒本이란 무엇인가?

계본은 불교의 계율 조항을 모아 놓은 책이다. 중국의 계본은 인도어로부터 번역해서 나온 것이다. 광율廣律로 불리는 사분율 혹은 오분율 등의 율장에서 계 조목을 뽑아 모은 것으로서 사분계본, 오분계본, 보살계본 등을 말한다.

중국에서 최초로 번역된 계본은 조위曹魏 때 담마가라曇摩迦羅 스님이 번역한 『승기계심』이고, 그 이후에 요진姚秦시대의 담마지曇摩持와 축불념竺佛念 두 분이 함께 번역한 『십송비구계본』이 있다고 전해지나 아쉽게도 이 책들은 유실되었다. 그 후에 『십송비구바라제목차계본』, 『십송비구니바라제목차계본』, 『사분승계본』, 『사분율비구계본』, 『사분율비구니계본』 등 중요한 계본들이 연이어 번역되었다. 중국에 전래된 계본의 종류는 굉장히 많아서 계율에 관해서는 사실상 세계 최고라고 할 만하다.

13
계법은 꼭 법사만
전해 줄 수 있는가?

　북전불교와 남전불교는 둘 다 법사, 즉 출가하여 구족계를 받은 스님들만이 계법을 전해 줄 수 있다. 밀교는 재가자도 전수할 수 있다.

　스님들만이 계법을 전할 수 있는 주요 이유는 수계 때 반드시 계를 얻어야 하기 때문이다. 다른 말로 하면 계체를 얻어야 비로소 수용의 이익을 얻을 수 있기 때문이다. 만약 계체를 얻지 못하면 외형적 행위로만 계 조항을 지키는 것이고 마음은 상응할 계를 얻지 못했기 때문에 단지 세간의 선행을 하는 것과 같을 뿐이다. 계법을 얻지 못하였으므로 계를 지킨 결과 또한 다를 수밖에 없다.

전계傳戒는 계체를 받아들이는 정식 의식이 있어야 한다

북전불교에서 계체는 반드시 정식 수계의식을 통과해야 얻을 수 있다. 계를 주는 스님과 계를 받는 사람이 함께 서원을 일으켜서 대대로 서로 전해 온 계법이 수계자의 몸과 마음속에 받아들여지게 한다. 만약 계를 전해 주는 이가 스승으로부터 계를 받은 적이 없거나 계를 받는 이가 마음을 기울이지 않고 아무 생각 없이 그냥 받는다면 설사 계를 전해 주는 의식[전계식]이 있었다 해도 계체를 얻을 방법이 없다.

임시적인 방편으로 설한다

출가자에게 삼귀의 수계와 전계는 법을 전해야 하는 의무이자 사명이다. 그러나 주변에 정말로 출가자가 없는 상황일 경우, 예를 들어 임종을 맞이하거나 전쟁으로 인해 출가자를 당장 찾을 수 없는 경우에는 재가자가 대신하여 선교방편으로 환자나 임종자에게 삼귀의를 줄 수 있다. 이때도 재가자에게 귀의하는 것이 아니라 여전히 삼보에 귀의하는 것이다.

진심으로 계법을 구하고 계를 배우고자 한다면 스님 혹은 불교교단에서 삼보에 귀의해야 한다. 그러나 동물에게 삼귀의를 주고 싶다면 불법과 인연을 지을 수 있도록 이러한 방편이 제한 없이 개방된다. 동물이 살아 있든 죽었든 상관없이 불자가 스님을 대신하여 삼귀의를 설할 수 있다. 이것은 동물을 위해 일종의 복을 구하고 선근을 심어 주기 위해서다.

14

전계화상이란 어떤 분인가?

전계화상傳戒和尙은 수계를 해 주는 화상을 가리키는데, 수계자 입장에서는 그로부터 계를 받기 때문에 득계화상得戒和尙이라고도 한다. 스님은 출가해서 구족계를 받아야 진짜 출가자가 된다. 출가 구족계는 세 명의 계사와 일곱 명의 증명법사[3사 7증]가 있어야 한다. 전계화상은 3사 가운데 한 분으로서 3사 7증의 대표가 되며, 계단에 등단했을 때 직접 계를 내려 주는 사람이다.

재가자 수계의 경우 오계, 팔관재계, 보살계 모두 전계화상이 있어야 계를 줄 수 있다. 전계화상은 수계자가 계를 받을 수 있는 근본이기 때문이다. 전계화상이 될 수 있는 이는 법랍 10년

이상의 스님이어야 한다. 법랍은 계랍이라고도 하는데 스님이 구족계를 받고 몇 년이 지났는지를 알려 주는 햇수로 출가자의 나이에 해당된다.

『사분율행사초』에서 '먼저 화상을 청해야 하는데 화상이 계를 얻는 근본이기 때문이다. 만약 화상이 없으면 법을 이어서 배울 수 없고, 앞에서 이끌어 주는 사람이 없으므로 성장을 하지 못하므로 화상을 꼭 청해야 한다'라고 하였으니 전계화상의 중요성을 알 수 있다.

15

보살계는 어째서
삼세제불의 요람인가?

보살은 보살계를 받음으로써 진짜 보살이 된다. 또 모든 부처님께서도 보살계를 수지하여서 성불하셨다. 그래서 보살계는 삼세제불을 길러 내는 요람이라 한다.

보살이 되려면 먼저 보살계 받기

무엇이 보살계인가? 보살이 받는 계를 보살계라고 부른다. 보살이 되려면 가장 먼저 보살계를 받아야 한다.『범망경』에서 말하듯이, 보살계는 '모든 부처님의 본원本源이고 보살의 근본이며, 대중과 모든 불자의 근본'이다. 보살도를 행하지 않으면 비록 부처님을 믿어도 영원히 성불할 수 없다. 보살도를 행하려면 우선 보살계부터 받아야 한다. 그래서 보살계는 일체제불이 성불하는 근본 원인이다. 또한 보살이 진정한 보살이 되게 하는 근본 소재이다.

천불대계

보살계는 다른 이름으로 천불대계千佛大戒라고도 한다. 의미는 과거 장엄겁 중의 천 분 부처님께서 보살계를 수지하여 성불하셨기 때문이고, 현재 현겁 중의 천 분 부처님도 보살계를 수지하여 성불하시기 때문이며, 미래 성숙겁 중의 천 분 부처님도 똑같이 보살계를 수지하여 비로소 성불하실 수 있기 때문이다. 심지어 과거삼세삼겁의 천불, 미래삼세삼겁의 천불, 과거무량삼세삼겁의 천불, 미래무량삼세삼겁의 천불도 마찬가지다. 일체중생과 일체보살 및 일체제불이 보살계를 수지하고 성불하지 못한 경우는 한 번도 없다.

이로써 우리는 보살계가 가진 공덕의 크기가 너무나 광대해서 헤아릴 수 없을 정도로 불가사의하다는 것을 알 수 있다.

2

계를
배우는 방법

16

이계위사以戒爲師는
무슨 뜻인가?

부처님께서 열반하시려고 하자 아난존자는 대중들을 대표하여 부처님께 여쭙는다.

"부처님께서 가시고 나면 저희들은 어떻게 해야 합니까?"

부처님께서 대답하셨다.

"불제자들은 계율을 받들고 지킬 수 있어야 한다. 앞으로는 계율이 수행을 지도하는 인도자가 되어야 한다. 그렇게 되면 내가 세상에 있는 것과 똑같을 것이다."

이렇듯 계가 있으면 곧 부처님께서 세상에 계시는 것과 같다. 만약 계를 배우고 실천하지 않는다면 이는 곧 부처님을 스승으로 삼지 않는다는 표시다. 계를 스승으로 삼는다[以戒爲師]는 것은 모든 불자들이 마땅히 따르고 지켜야 하는 본분이다.

이계위사

계를 받고 계에 대해서 배우는 목적은 '계를 지키기' 위해서 다. 만약 받고도 배우지 않는다면 이것은 해태와 방일이다. 배우기만 하고 지키지 않는다면 이 또한 말로만 음식을 만들거나 남의 보물을 세는 것과 다름없다. 부처님께서 계를 제정하신 의도는 불자들을 위해 규칙과 제도를 만들어서 대중들이 청정과 소욕을 지키고 화합하며 다툼과 과실 없이 수행함으로써 해탈의 목적지에 쉽게 도착하도록 하기 위함이다.

그러므로 부처님께서 고구정녕 당부하신 '계율을 스승으로 삼으라'는 말씀을 잊지 말고 잘 준수하여야 불교단체가 존재할 수 있고, 불제자들도 불법의 이익을 계속 얻을 수 있다. 마치 한 나라의 국가 원수가 사망해도 나라의 존망은 걱정할 필요가 없는 것과 마찬가지다. 왜냐하면 국가는 법에 의하여 다음 계승자를 선출하면 되기 때문이다. 나라에 헌법이 존재하면 사람들이 법에 따라서 실행하고, 국가의 제도나 시스템은 요동 없이 오래도록 세간에 존속한다. 불교 역시 계율이 존재하면 불교와 승단이 반드시 세상에 오래도록 존속하게 된다.

지계는 불교를 지키고 보호하며 번성시킨다

단체나 사회 혹은 국가, 심지어 전 세계의 인류조차 반드시 공동의 생활 규칙이 있어야 하고 공동으로 준수하는 윤리가 있어야 한다. 그래야만 비로소 단체에 속한 개개인 스스로도 안전하고 타인도 안전하게 살 수 있다. 만약 그런 규칙이 없으면 곧 오합지졸이 된다. 사람들이 저마다 계를 지킨다면 불교는 반드시 번성한다. 몸으로 부처님의 제자가 되고, 마음으로 계율을 받아 지니는 그것이 바로 부처님의 가르침을 실천하는 것이다. 한 사람의 불교인으로서 계율을 잘 지켜 단정한 위의가 드러나면 다른 사람들이 불교에 대해 존경하는 마음을 가지게 되고, 불교를 가까이하게 되며, 불교를 제대로 이해하게 된다.

부처님께서 멸도하신 후에, 불자라면 계율을 스승으로 삼아

야 한다. 계는 부처님께서 제정하신 것이므로 계율을 존중한다
는 것은 곧 부처님을 존중하는 것이다. 우리가 오로지 계율을
스승으로 삼을 때만이 비로소 자기 스스로 계를 지킬 수 있고,
다른 사람이 계를 지키도록 보호할 수 있게 된다.

17

불교를 배우는데
왜 꼭 계를 배워야 하는가?

    불교에 있는 모든 법문은 어느 것도 부처님께서 제정하신 계율을 벗어나지 않는다. 불법을 배우고 수행하는 데 있어 가장 중요한 것이 바로 계정혜 삼학三學이다. 이 삼무루학三無漏學 가운데 선정을 닦고 지혜가 발현되는 기초가 지계이다.

    계율에 의지하여 악을 그치고 선을 행하는 공능에서 심신의 안온이 따라오게 된다. 그러면 선정 수행을 하는 데 이득이 된다. 마음이 진일보하여 청정하고 맑음 가운데 머무르게 된다. 이렇게 하다 보면 점차로 마음이 밝아지고 성품을 보게 되어 지혜가 열리게 된다. 그래서 삼무루학을 삼증상학三增上學이라고도 한다. 이 셋은 서로 밀접하게 관계되어 있으며 층층의 차례로 증상하게 된다. 이 가운데 계가 바로 근본이다.

부처님의 계를 받지 않은 채 자칭 불교를 믿고 불법을 배운다 해도 사실은 불자가 아니다. 불교인으로서 일단 불문에 들어서는 첫 관문은 계를 받는 것이다. 만일 계를 받지도 않고 배우지도 않으면 불교를 올바로 믿고 수행할 방법이 없다. 불도에서 벗어나도 자기 스스로 알아차리지 못한다. 그러므로 계를 통해서 바른길로 나아가도록 해야 한다.

불교의 중요한 교리 가운데 결코 결여되어서는 안 되는 부분이 계율이다. 계법을 회피하고 불교를 배운다는 것은 불가능하다. 계정혜 삼무루학 이외에도 아래와 같은 것들이 중요하다.

① 사불괴신(四不壞信, 네 가지 무너뜨릴 수 없는 믿음) : 귀의불, 귀의법, 귀의승, 귀의계

② 육념 : 염불念佛, 염법念法, 염승念僧, 염시念施, 염계念戒, 염천念天

③ 육바라밀 : 보시, 지계, 인욕, 정진, 선정, 지혜

④ 칠성재七聖財 : 신信, 계戒, 참慚, 괴愧,8 다문多聞, 시사施捨,9 지혜智慧

---

8 참慚은 자신의 가치와 존엄의 관점에서 스스로 부끄러워할 줄 아는 것이고, 괴愧는 세상과 사회의 도덕이나 여론의 관점에서 부끄러움을 아는 것을 말한다.

⑤ 팔정도 : 정견, 정사유, 정어, 정업, 정명, 정정진, 정념, 정
정. 이 가운데 정어, 정업, 정명은 계율 행위이다.

수계는 부처님을 믿고, 법을 배우고, 승단을 존중하는 첫걸음
이다. 북전불교를 배우든, 티베트불교를 배우든, 남전불교를 배
우든 혹은 선종·정토종·밀종 등 어떤 수행을 하든지 불법을 수
학하고 발현하는 데 있어 계학을 벗어날 수 없다. 왜냐하면 계
학은 생명 있는 것들이 불법에서 얻을 수 있는 효용 가운데 가
장 기본인 마음을 편안하게 하고 몸을 안정시킬 뿐 아니라 궁
극적으로 지혜를 계발하고 생사해탈할 수 있게 하기 때문이다.
이 모든 것들이 지계를 떠나서는 불가능하다.

---

9 시사施捨는 보시의 뜻이다.

18

계는 어디서 받는가?

    재가자가 삼귀의, 오계, 팔관재계, 보살계 등을 받으려면 우선 사찰에 전화를 해서 언제 수계식이 예정되어 있는지 문의하거나, 인터넷에서 사찰활동을 검색해서 알아보고 참가신청을 해야 한다. 일반적으로 팔관재계나 보살계의 수계 기간은 비교적 길어서 사찰에서 하룻밤 머물러야 하는 경우가 많기 때문에 사전에 신청할 필요가 있다.

계장이 설치된 계단

    재가자가 계를 받는 계장戒場은 보통 사찰 안에 안배하고 도량 안에 계단戒壇을 따로 설치하기도 한다. 계장은 계를 주고 설하는 장소를 의미한다. 본래는 건축물이나 방사 등의 모양을 갖출 필요 없이 대지 위에 표시를 해서 결계結界만 해도 된다. 그러나 비와 바람을 피하기 위해서 옛날부터 건물 안에서 하기도 하고 노지에 결계를 치고 계를 주는 등 두 가지 방식이 혼용되어 왔다.

계장주戒場主

계장과 계단은 다른 점이 있다. 가장 주요한 차이는 계장은 평지 위에 바로 설치되는데, 계단은 평지 위에 약간 높은 단을 설치하여 만든다는 점이다. 수계법회를 주관하는 책임자를 계장주라고 부르는데 보통은 수계법회를 거행하는 사찰의 주지가 맡기도 하고 경우에 따라서는 습의사 혹은 수계법회 삼사 가운데 득계화상이 겸임하기도 한다.

19

수계에 참가할 때
주의사항은 무엇인가?

모든 수계법회에 참석하려면 일단 주최하는 사찰에 등록해야 한다. 통상 삼귀오계에 참가하면 당일에 마칠 수 있으나 만약 팔관재계나 보살계에 참가하면 사찰에서 하룻밤 묵어야 할 가능성이 높다. 수계 기간 동안에는 외부와 연락을 할 수가 없다. 그러므로 꼭 처리해야 할 일이 있다면 미리 연락을 해서 처리해 놓고 수계 기간 동안에는 오롯한 마음으로 계를 받을 수 있도록 해야 한다.

받을 계의 내용 이해하기

자신이 받을 계의 내용을 이해하고 부처님께서 계를 제정하신 정신을 이해하기 위해서는 계를 받기 전에 미리 관련된 자료들과 책을 보는 것을 권한다. 미리 살펴봄으로써 정확한 개념을 가질 수 있고 한편으로는 불교를 배우는 데 있어 신심을 가질 수 있다. 그래야 중심을 잡지 못하고 마음이 이리저리 흔들리지 않게 된다.

성엄 스님께서 쓰신 관련 책들을 참고해도 좋다. 예를 들면 삼귀오계를 알려면 『불교입문』을 읽으면 되고, 보살계를 학습하려면 『보살계지요善薩戒指要』를 읽으면 된다. 만약 불교계율을 완전히 이해하고 싶다면 『계율학강요』를 연구할 수도 있다.[10]

계를 받는 장소인 계장에 들어가기 며칠 전부터는 자극적인 활동을 가급적 피하기를 권한다. 소리나 빛의 자극이 심한 오락 활동도 최대한 자제하는 것이 좋다. 술을 마시지 말고 마늘이나 양파 등 맛이 강한 오신채도 가급적 멀리하는 것이 좋다. 이렇게 준비를 해야 계장에서 자신뿐만 아니라 함께 참석한 다른 사람들을 곤란하게 만들지 않는다.

---

10 『불교입문』과 『보살계지요』는 한국어로 번역되지 않았다.

편안한 마음으로 계 받기

팔관재계나 보살계를 받는 수계법회 기간에는 지켜야 할 규칙이 있다. 참선 7일이나 염불 7일처럼 묵언을 하고 몸가짐을 조용히 하며 심신을 잘 섭수해야 한다. 오롯한 마음으로 외부와 반연을 만들지 말고 마음을 산란하게 하는 잡담 등을 하지 않는다. 고요한 침묵을 지킴으로써 도량의 장엄을 유지할 수 있다. 그 외에도 외부와 연락을 한다든지 핸드폰, 노트북 등을 사용하지 않는다.

사찰에 도착하면 법사가 미리 계장의 규칙들과 수계 기간에 가져야 할 마음가짐 등을 알려 준다. 법사의 지시를 잘 따라 협조하고 규칙을 준수해야 자신은 물론 동참한 다른 사람들도 편안한 마음으로 계를 받을 수 있게 된다.

계를 받을 때는 아직 제대로 처리하지 못한 일이 있든 없든 모든 인연을 전부 내려놓고 어떤 것에도 마음이 걸리지 않도록 해야 한다. 일단 계장에 들어서면 가장 중요한 것은 오로지 진실한 마음으로 계법 받기를 구하는 일이다.

20

수계는 유효 기간이 있는가?

수계의 공덕과 선한 업보

오계의 시효는 금생이다. 사람의 몸을 벗고 난 후에는 계를 다시 지닐 방법이 없다. 계체가 없어지면 오계는 자연히 소실된다. 계는 계법을 받을 수도 있고, 계법을 내놓을 수도 있다. 받고 나서 다시 내놓을 수 있고, 내놓고 난 후에 또 다시 받을 수도 있다.

계를 받고 난 후에는 반드시 잘 지켜야 한다. 만약 계를 내놓고 난 후에 악업을 지으면 비록 계를 범하는 죄는 짓지 않게 되나 업력은 소실되지 않으며 이전에 계율을 지키던 공덕은 여전히 존재한다. 그래서 오계를 받아 지닌 기간이 길든 짧든, 받아 지닌 계의 조목이 많든 적든 상관없이 일단 계를 받아서 잘 지켰다면 공덕과 선한 업보가 있다.

팔관재계는 육재일 당일에 받아서 하루 낮, 하루 밤을 지킨다. 재가자들에게 하루 낮, 하루 밤 동안 출가수행생활을 경험할 수 있는 기회를 제공하는 것이다. 육재일은 통상적으로 매월 음력 8일, 14일, 15일, 23일, 29일, 30일(작은 달은 29일)이다.

보살계의 시효

보살계는 한 번 받으면 영구하다. 미래제가 다해도 계속 유지되다가 성불하면 멈춘다. 어째서 오계의 시효는 일생 동안이고, 팔관재계는 하루 밤, 하루 낮이며, 보살계는 한 번 받으면 영구히 존속하는가?

오계와 팔관재계는 성문계에 속하기 때문이다. 성문계는「물질」의「색법」에 속하므로 물질인 신체가 사망하고 난 후에는 그

즉시 계를 내놓게 되고, 계와 계체 또한 자연히 소실된다. 보살계는「정신」의「심법」에 속하므로 심법은 성불함으로써 멈추게된다. 성불하기 직전까지는 계속 존재한다. 일단 보리심을 발하면 곧 다함이 없는 무진계가 된다. 사후에 어느 곳에 윤회하게 되더라도 보리의 종자는 영구히 존재한다.

그래서 보살계는 세세생생 수지하고 소실되지 않을 수 있다.『보살영락본업경』에서 말했듯이 보살계를 받으면 혹 계를 범하더라도 보살계체가 소실되지는 않는다. 또 말하기를, 보살계를 받으면 모든 부처님 세계의 보살들 숫자에 속하게 되고, 삼겁생사의 고통을 초월한다. 일단 보살계를 받으면 이미 제불국토의 보살 중 하나가 되므로 생사윤회로 인해 소실되거나 사라질수 없다.

21
귀의 의식의
내용과 과정은 어떠한가?

　귀의는 불법승 삼보에 귀의하는 것으로, 지금부터 부처님을 배움의 본보기로 삼고, 불법으로 관념을 고쳐서 자신을 성장시키고, 스님들을 스승으로 삼아서 배우겠다는 발원이다. 귀의의 방식은 일반적으로 사찰에서 거행하는 귀의 의식에 참가하여 사람들과 함께 귀의를 청하는 것이다. 그러나 특수한 인연이 있을 경우 스님에게 개인적으로 삼귀의를 달라고 요청할 수도 있다.

　귀의 의식에 소요되는 시간은 길지 않지만 수계를 위한 자세는 지극한 정성을 갖추고 진심으로 승낙을 요청해야 한다. 귀의 과정은 명나라 때의 『삼귀오계정범』을 주요 근거로 삼는데 다음과 같이 몇 개의 주요 항목으로 구성되어 있다.

① 법좌를 준비하여 계사를 청함 : 법좌를 마련하고, 화상이 자리에 오르기를 청함

② 법문 : 삼귀의의 뜻에 대해 간략하게 법문함

③ 성현을 청함 : 불법승 삼보와 호법천룡을 청함

④ 참회 : 과거세와 현세에 지은 모든 악업을 제거하는 참회를 하고, 신구의 삼업을 청정하게 한 후, 삼귀의 계체를 받아들임

⑤ 귀의를 받음 : 삼귀의와 삼결三結[11]을 하고, 세 가지 서원을 발함

⑥ 발원 : 무상보리심을 발하고 일체중생을 제도하겠다는 원을 세움

⑦ 수승한 이익과 부촉 : 삼귀의의 수승한 공덕을 설명하고, 가르침대로 잘 지킬 것을 부촉함

⑧ 회향 : 귀의의 공덕을 일체중생에게 회향하여 그들이 속히 생사를 해탈하고 불국토에 태어나기를 발원함

---

11 삼결三結은 자신이 한 삼귀의를 잊거나 함부로 저버리지 않겠다는 다짐의 뜻으로 삼보에 귀의하였음을 다시 한 번 강조하는 것이다.

현대의 귀의 의식은 기본적으로 위와 같은 순서를 따르지만 환경과 상황에 따라 조금씩 변화를 가할 수 있다. 어떤 사찰에서는 귀의 의식을 하기 전에 간단하게 복을 짓는 법회를 열기도 하고, 법사가 삼귀의·오계를 미리 강의하여 대중들이 그 뜻을 이해하도록 돕기도 한다. 또 어떤 경우는 불교의 기본예절, 즉 합장이나 부처님께 절하는 법 등의 불교기본을 배우기도 한다. 귀의 의식의 과정이나 예법에 익숙해지도록 예비 교육을 하기도 한다.

몸과 마음의 때를 깨끗하게 씻어 내기 위해서 삼귀의·오계를 정식으로 받기 전에 수계자는 반드시 먼저 참회를 해야 한다. 참회게송을 세 번 염송하는데 한 번 할 때마다 부처님 전에 한 번씩 절을 한다. 그다음에 스님이 삼귀의를 주고, 발심하여 귀의한 자는 법사를 따라서 귀의 문장을 세 번 외우고 이어서 사홍서원과 오계의 문장을 한 번 따라 외운다.

삼귀의문

저 ○○○는, 부처님께 귀의합니다. 법에 귀의합니다. 승가에 귀의합니다.

저 ○○○는, 이미 부처님께 귀의하였습니다. 이미 법에 귀의하였습니다. 이미 승가에 귀의하였습니다.

저 ○○○는, 지금 이 순간부터 삼보에 귀의하여 삼보제자가 되었으므로 불법을 수학하며, 삼보를 옹호하고, 믿음에서 영원히 물러나지 않겠습니다.

사홍서원

저 ○○○는, 일체중생을 제도하기를 발원합니다.

저 ○○○는, 일체 번뇌를 끊기를 발원합니다.

저 ○○○는, 일체 불법을 배우기를 발원합니다.

저 ○○○는, 위없는 불도를 이루기를 발원합니다.

오계문

저 ○○○는, 목숨이 다하도록 불살생계를 받아 지키겠습니다.

저 ○○○는, 목숨이 다하도록 불투도계를 받아 지키겠습니다.

저 ○○○는, 목숨이 다하도록 불사음계를 받아 지키겠습니다.

저 ○○○는, 목숨이 다하도록 불망어계를 받아 지키겠습니다.

저 ○○○는, 목숨이 다하도록 술을 마시지 않고 마약이나 독약품을 흡입하지 않는 계를 받아 지키겠습니다.

의식이 끝난 후 참가자는 법명과 귀의증서를 받고 새로운 생명이 시작되었음을 알리는 기념촬영을 한다. 법명의 첫 글자는 법맥을 대표하는 글자로 전승을 표시한다. 두 번째 글자는 귀의하는 사람의 이름이나 직업 혹은 인상 등을 고려하여 길상한 뜻이나 격려하는 뜻을 담은 글자 가운데서 뽑아 만든 것이다.[12] 계정혜와 관련된 글자를 사용한다든지, 듣기에 발음이 좋지 않은 글자는 사용하지 않는다든지 등 아주 신경을 많이 써서 법명을 짓는다. 이렇게 정성을 들이는 목적은 수계자가 법명을 받고 나서 환희심을 내고 정진하여 불교 속에서 삶이 향상되기를 바라기 때문이다.

---

12 대만에서 사용하는 방식이다. 우리나라는 귀의하는 사람의 이름, 인상이나 성격, 발음 등을 고려하여 경전이나 불교용어 가운데 좋은 의미를 담고 있는 단어를 법명으로 준다. 남자 신도에게는 두 글자로, 여자 신도에게는 화華나 행行 등을 붙여서 세 글자를 주기도 하지만 꼭 그런 것은 아니고 사찰마다 조금씩 다르다.

22

팔관재계의
내용과 과정은 어떠한가?

팔관재계는 출가계법에 속한다. 팔관재계의 '팔八'은 지켜야 할 계 조항의 수를 가리키고, '관關'은 금지 혹은 닫는다는 관폐 關閉의 뜻이고, '재齋'는 정오가 지나면 음식을 먹지 않는 재법齋 法을 가리킨다. 팔관재계는 여덟 가지 계법을 사용하여 생사에 유전하게 만드는 여덟 가지 원인을 막아 버림으로써 성불의 길을 통달하게 하는 법이다.

명나라 말기의 독체견월대사가 쓴 『수팔계정범授八戒正範』에서 는 여덟 단계로 의식을 구분하고 있다. ① 법좌를 펴고 계사를 청함 ② 법문 ③ 성현을 청함 ④ 참회 ⑤ 귀의를 받음 ⑥ 계상을 알려 줌 ⑦ 발원 ⑧ 권면부촉과 회향이다.

『수팔계정범』은 의식이 장엄하여 시간이 비교적 길게 소요된다. 그래서 홍일(弘一, 1888~1942) 율사는 『불설팔종장양공덕경』을 참고하여 『수팔관재계법』을 편집하였다. 『재가율요광집』에도 「수팔관재계법」이 수록되어 있는데 내용이 아주 간단하다.

사찰에서 거행하는 팔관재계의 주요 과정은 아래와 같다.

정수正授

시방의 삼보님과 호법천룡께 귀명하오니 원컨대 이 도량에 강림하시어 저를 섭수하여 주옵소서.

제가 이제 수승한 보리와 최상의 청정 불법승에 귀명합니다.

제가 광대한 보리심을 발하고, 자타이익을 모두 성취하겠습니다.

일체 불선업을 참회하고, 무변한 공덕장을 따라 기뻐합니다.

먼저 정오가 지나서는 음식을 먹지 않고, 이어서 여덟 가지 공덕법을 닦겠습니다.

참회

과거에 지은 모든 죄업은 전부 시작 없는 탐진치로 인해 신구의 삼업으로부터 생긴 것입니다. 제가 지금 부처님 앞에서 진심으로 참회합니다.

삼귀의계 받기

저 ○○○는, 목숨이 다하도록 부처님께 귀의합니다.

목숨이 다하도록 법에 귀의합니다.

목숨이 다하도록 승가에 귀의합니다.

저 ○○○는, 부처님께 귀의하였으니 원컨대 일체 악업을 끊겠습니다.

저 ○○○는, 법에 귀의하였으니 원컨대 일체 선업을 닦겠습니다.

저 ○○○는, 승가에 귀의하였으니 원컨대 일체중생을 제도하겠습니다.

발원수지

저 ○○○ 우바새(이)는 아사리 스님께 바라오니 기억하고 지켜 주십시오. 저는 금일 금시부터 청정한 마음을 일으켜 내일 아침 해가 뜰 때부터 시작해서 그 중간 하루 낮 하루 밤 동안 다음의 여덟 가지 계를 지키겠습니다.

① 살생하지 않겠습니다.
② 도둑질하지 않겠습니다.
③ 음행을 하지 않겠습니다.
④ 거짓말하지 않겠습니다.
⑤ 술을 마시지 않겠습니다.
⑥ 몸에 향을 바르거나 화장을 하거나 화려한 장식을 하지 않고, 춤추고 노래하지 않겠습니다.
⑦ 높고 넓은 침대에 앉거나 눕지 않겠습니다.
⑧ 정오가 지나서는 음식을 먹지 않겠습니다.

저는 이제 위와 같은 일들을 하지 않겠습니다. 서원하오니 여덟 가지 청정한 계의 공덕을 굳게 지키겠습니다.

저는 팔계를 지켜서 마음을 장엄하여 기쁨으로 가득 차게 하며, 일체의 상응하는 선법을 널리 닦아서 원만보리 성취하기를 발원합니다.

사홍서원

저 ○○○는, 모든 중생을 다 제도하기를 발원합니다.

저 ○○○는, 다함없는 번뇌를 다 끊기를 발원합니다.

저 ○○○는, 무량한 법문을 다 배우기를 발원합니다.

저 ○○○는, 위없는 불도를 다 이루기를 발원합니다.

사찰의 팔관재계에 참가한 재가자는 매월 육재일[13]에 하루 낮, 하루 밤 동안 팔관재계를 지킴으로써 속세에 있지만 출가의 청정생활을 직접 실천하는 것이 가장 바람직하다.

---

13 매달 음력 8·14·15·23·29·30일의 6일을 말한다. 이날은 사천왕四天王이 지상으로 내려와 사람들의 선악을 살피므로 몸을 조심하고 마음을 깨끗이 하여 계를 지킬 것을 권한다.

23

재가보살계 법회의
내용과 과정은 어떠한가?

재가자가 보살계를 받는 목적은 보살의 정신을 배워서 일체 악을 그치고 일체 선을 실천하며 일체중생을 이익 되게 하는 것이다. 부처님께서 입멸하신 뒤부터 보살계를 받는 방식은 '스승'에게 받는 법과 '자서自誓 수계'의 두 가지 방식이 있다. 자서 수계는 불법이 없는 변두리 지역에 살기 때문에 어쩔 수 없이 방편으로 취하는 방법이고, 스승으로부터 정식으로 계를 받는 것이 가장 좋다. 그러므로 여러분들에게는 사찰에 등록하여 보살계 받기를 권한다.

사찰에서 거행하는 보살계 법회는 통상 4일 혹은 7일이 소요된다. 정식으로 전계를 하기 전에 설계, 수계의식 사전 연습, 유명계幽冥戒 수계 등이 이루어진다.

설계란 보살계를 강의하여 수계자들이 보살계의 의의와 내용을 잘 이해하고 계를 정확하게 잘 지키는 방법을 알 수 있도록 가르치는 과정이다.

수계의식 사전 연습은 수계자들이 법회의 의식과 내용에 익숙해지도록 수계의식을 미리 연습하는 과정이다. 이때에도 수계자들은 마음을 잘 섭수하여 수계자로서 가져야 할 위의를 배우고 익혀야 한다.

유명계 수계는 정식 보살계를 받기 전날 저녁에 거행한다. 이것은 수계자들이 자신의 역대 선조들을 제도할 수 있도록 돕고, 과거세의 육친 권속들이나 원친 등 인연 있는 영가들을 초청해서 법문을 전하고 계를 주는 것이다. 이렇게 함으로써 수계자들을 보호하고 그들이 평안한 마음으로 보살계를 원만하게 받을 수 있도록 한다.

정식 보살계 수계의 기본 과정

① 계사를 계단에 청함

② 시방삼세 모든 부처님께 삼배

③ 보살계 차난遮難 질문

차난 질문은 수계자가 계를 받을 수 있는지 자격 여부를 심사하는 것으로서 과거에 살·도·음·대망어에 해당하는 중죄를 범했다면 계를 받을 수 없다.

④ 참회

참회게의 염송, 지극정성으로 참회함

⑤ 성현이 계단으로 강림하여 증명해 주기를 청함

석가모니 여래를 득계화상으로, 문수사리보살을 갈마아사리로, 미륵보살을 교수아사리로 청하고, 시방일체의 제불을 존증아사리로 청하고, 시방일체 보살들을 동학同學으로 청한다. 보살비구를 법사로 청하여 보살삼취계, 십선계, 십무진청정계를 받을 수 있도록 증명한다.

⑥ 사불괴신법 받기

지금부터 성불할 때까지 미래제가 다하도록 네 가지 무너지지 않는 믿음에 의지한다. 부처님, 법, 승가, 계에 의지한다.

⑦ 삼취정계 받기

지금부터 성불할 때까지 미래제가 다하도록 일체율의, 일체선법, 요익일체유정 등의 삼취정계를 받는다.

⑧ 십선계 받기

　미래제가 다하도록 몸으로는 살·도·사음을 하지 않고 입으로는 망어·기어·양설·악구를 짓지 않으며, 마음으로는 탐욕·진에·부정견을 벗어나도록 잘 지키겠다는 다짐을 한다.

⑨ 십무진계 받기

　사홍서원을 발한다. '모든 중생을 다 제도하겠습니다. 다함없는 번뇌를 끊겠습니다. 무량한 법문을 다 배우겠습니다. 위없는 불도를 다 이루겠습니다.' 이때 시방세계의 미묘하고 선한 계법이 정수리를 통해 몸과 마음속으로 들어와서 미래제가 다하도록 영원한 부처의 종자 되는 것을 관상한다. 지금부터 성불할 때까지 그 중간에 살생, 투도, 사음, 망어, 술을 만들어 팔거나 자신이 술을 마시는 행위, 출가 재가 보살의 허물을 말하는 행위, 자신을 칭찬하고 타인을 폄훼하는 행위, 재물과 법을 아껴서 보시하지 않는 행위, 성내는 마음으로 타인의 참회를 받아 주지 않는 행위, 삼보를 비방하는 행위 등 열 가지 중대한 죄를 범하지 않고 잘 지키겠다는 다짐을 한다.

⑩ 보살 옷 받기[14]

---

14 보살 옷은 대만에서 재가자들이 보살계를 받을 때 입는 만의縵衣를 말한다. 만

새로 계를 받은 보살은 보살 옷을 받으면서 아래의 옷 입는 게송[搭衣偈]을 함께 염송한다.

"선재해탈복이여, 발타예참의[缽吒禮懺衣]여, 제가 지금 정대하고 받노니, 부처님께 참회 구하는 예경을 올립니다."

⑪ 수계 공덕 찬탄

⑫ 공덕 회향

⑬ 보살계 법사께 법문 청하기

⑭ 보살계 법사께 공양 올리기

⑮ 성현과 보살계 법사 보내 드리는 의식[恭送]

⑯ 폐회사

보살계 법회의 수계생활은 단기의 청정한 출가생활과 같아서 수계자들의 몸과 마음을 청정하게 하여 완전히 새사람으로 태어나게 만든다. 그러나 더욱 중요한 것은 계를 원만하게 받고 난 후에 보살도를 실천할 수 있는 인간보살이 되어야 한다.

의는 가사와 비슷한 모양이지만 조수條數가 없는 통천으로서 예비 출가자인 사미·사미니가 입는 옷을 일컫는다.

24

유명계幽冥戒는 무엇인가?

유명계는 살아 있는 이가 명부의 세계에 들어간 망자를 대신해서 계를 받음으로써 그 공덕으로 인해 망자가 고통에서 벗어나도록 하는 의식이다. 보살계를 받기 전에 먼저 유명계를 받아야 하는데 이는 수계자의 세세생생 무궁무진한 원친怨親 유정有情과 각 성씨의 역대 선조들을 제도하기 위해서이다. 유명幽冥 중생들에게 불법을 들려주고 업장을 참회하고 계를 받게 함으로써 명부의 고통에서 일찍 벗어나도록 도와준다.

유명중생의 제도

유명은 육도의 모든 영혼들을 가리킨다. 유명幽冥 중생은 신식

神識이 어둡고 혼미하며 의지할 곳이 없으므로 불법을 듣기가 매우 어렵고 재계를 받아 지닐 방법이 없다. 그래서 살아 있는 이가 이러한 고혼을 대신해서 계를 받는 것이다. 수계 후에 망자가 구제될 수 있는지 여부는 망자가 본래 지니고 있는 복덕 인연과 살아 있는 이가 대신해서 심은 선근의 인연과 널리 공양하고 수행하는 공덕에 따라 결정된다.

대보리심 발하기

어떤 사람은 유명계를 받을 때 망자의 혼을 만날까봐 겁이 나서 대신 받지 못하겠다고 한다. 사실 유명계는 망자에게만 이익 되는 것이 아니다. 살아 있는 사람의 입장에서 보면, 수계 때 대보리심을 일으켜서 '일체중생이 성불하도록 제도하겠다'는 발원을 하는데 유명계가 바로 보살도를 실천하는 확실한 방법이다. 유명계를 받는 과정을 통해 일체 유명 중생이 고통에서 속히 벗어나기를 발원하고 축원해 주는 것이 바로 자비로운 보살의 마음이다.

25

보살계를 할 때
꼭 연비를 해야 하는가?

연비는 계파戒疤 혹은 향파香疤라고도 한다. 중국불교 초기 역사에 불제자들이 청정계 받기를 청하는 과정에서 몸의 일부분에 향을 살라서 제불보살들께 공양을 올리는 의식으로 사용되었다. 향을 태운 흔적을 몸에 남겨서 자신의 서원이 굳건함을 표시한다. 재가보살계의 연비는 팔뚝에 하고, 출가보살의 연비는 정수리에 한다.

수계 때 연비는 부처님께서 제정하신 것이 아니다

수계할 때 연비를 하는 경전의 근거는 두 가지다. 하나는 『범망경』 중에서 '만약 몸, 팔뚝, 손가락 등을 불살라서 제불께 공양을 올리지 않으면 출가보살이 아니다. 굶주린 호랑이, 이리, 사자, 일체 아귀 등에 이르기까지 자신의 몸이나 손발을 내 주어서 그들에게 공양을 해야 한다. 그 후에 하나하나 차례로 정법을 설하여 마음이 열리고 뜻을 이해하게 된다'라고 하였다. 또 하나의 근거는 『법화경』「약왕보살본사품」에 약왕보살의 전생이 일체중생희견보살로서 몸을 태워 부처님께 공양하였다는 이야기다. 그러나 『범망경』에서 가리키는 것은 팔과 손가락을 연비하는 것 외에도 몸과 손발을 모두 내놓아야 한다. 이것은 일반 범부보살에게 요구하는 사항이 아니다. 『법화경』의 일체중생희견보살은 이미 성인의 계위에 올라 신족통을 갖춘 대보살이다. 그러므로 수계할 때 연비를 하는 것은 부처님께서 제정하신 것이 아니다. 인도에 이러한 연비의 예는 없었다.

북전불교의 연비에 대한 기원은 두 가지 설이 있다. 하나는 불교가 중국에 전래된 후 당나라에 이르러 속인들이 출가자의 모습을 취하는 것을 방지하기 위해 나라에서 칙령으로 출가 대중은 수계할 때 연비를 해서 표시가 나도록 했다는 것이다. 또 다른 한 가지 설명은 원나라 때 지덕志德법사가 천희사天禧寺 주지로 있을 때, 계를 주면서 머리에 연비를 하여 종신서원을 하게 만들었다고 한다.

연비를 해서 공양 올릴 필요는 없다

어떤 이는 소신공양의 의미를 잘못 이해하여 불보살에게 육체를 태우는 공양을 올리면 큰 공덕이 있다고 생각한다. 사실 향을 살라서 부처님께 공양하는 것은 몸 바깥의 어떤 것을 부처님께 공양하는 것이 아니라 자기의 자성불自性佛에게 공양한다는 의미이다. 마음을 발하여 향을 올림으로써 굳건한 도심으로 정진하겠다는 뜻을 표하는 것이다. 불보살님은 우리가 몸을 태워서 올리는 공양을 필요로 하지 않는다.

26

보살 옷은 무엇인가?

전통적으로 재가보살 수계를 할 때 수계자들에게 만의를 입히는 관습이 있었다. 그러나 이것은 사실상 계율의 근거가 없다. 만의는 북전불교 출가자의 옷이다. 재가수행자는 백의거사라고 부르는데 원칙적으로 스님의 옷을 재가자의 수계용 옷으로 사용해서는 안 된다.

부처님을 따라 배우고 법을 향하는 정신을 상징한다

법고산사에서는 수계자가 계장의 장엄과 질서정연함을 충분히 느끼고 수계를 기념할 수 있도록 보살계 의식을 할 때 만의를 입지 않고 목에 둘러서 아래로 늘어뜨리는 형태의 비단 단자를 사용한다. 한쪽 끝에는 불상을 새겨 놓고 다른 한쪽에는 법고산사의 마크를 새겨 놓았다. 불상은 부처님을 상징하고 법고산사 마크는 법을 상징하며, 은색은 영락장엄을 상징한다. 수계자들이 이 보살 옷을 통해 부처님을 따라 배우고 법을 향해 나아가는 정신을 깨우치게 된다.

시시각각 청정과 정진을 일깨운다

보살 옷은 참회 절을 할 때나 대중이 함께하는 법회에 참석할 때 착용한다. 보살 옷의 중요한 의의는 수계자들이 항상 청정과 정진을 향해 나아가도록 일깨우는 데 있다. 수계자는 보살 옷을 입는 순간 곧 바로 경각심을 일으켜서 어느 때, 어느 곳에서나 계체를 잘 지키게 된다.

27

보살계를 받고 나면
바로 보살로 변할 수 있는가?

보살계를 받으면 보살의 어려운 행을 기꺼이 실천하고, 인욕하기 어려운 일도 기꺼이 참는 정신을 배우고 익히겠다는 발원을 해야 한다. 성엄 스님은 이러한 발원을 한 상태를 갓난아이인 영아보살嬰兒菩薩이라고 불렀다. 수계를 해도 여전히 범부이므로 발원을 일으켜서 보살이 되는 행위를 배우고 익혀야 한다.

범부는 영아의 행을 하는 보살이다

초발심의 영아보살이 되면 걸음마를 배우는 기간 동안 비틀거리면서 넘어지거나 부딪힐 수밖에 없다. 넘어져도 상관없다. 중요한 것은 다시 일어나서 보살도에 의지하여 계속 전진하는 것이다. 우리가 보살도를 실천하면 인생에서 노력의 방향이 아주 명백해지고, 어떤 것은 하면 안 되는 일인지 어떤 것은 해야만 하는 일인지 아주 잘 알게 된다. 보살계를 지키는 역량을 통해 어느 때 어느 곳에서나 불법을 잘 활용하여 자신의 번뇌를 제거하도록 도울 수 있다. 게다가 불법을 활용하여 다른 사람들이 고통에서 벗어나 기쁨을 얻게 도움을 줄 수도 있다. 그렇게 되면 날이 갈수록 자연스럽게 몸과 마음이 더욱 청정하고 안락해진다.

범부보살과 보살마하살

보살은 두 종류가 있다, 범부보살과 보살마하살이다. 사람은 누구라도 불법을 이용해서 자리이타를 하겠다고 발원하면 바로 보살이다. 보살마하살은 성인의 지위에 오른 대보살을 가리킨다. 경전에서 말하는 성인 지위의 보살들은 관음보살마하살이나 보현보살마하살 등이다. 그러므로 우리는 갓난아이의 행을 하는 소보살小菩薩이지 대보살이 아니다.

28

부분적으로 선택해서 계를 받아도 되는가, 계를 지키기 곤란하면 내놓을 수도 있는가?

만약 계 조항 전부를 다 지킬 방법이 없을 때는 자기의 현실 상황을 고려하여 지킬 수 있는 조항만 받고, 억지로 전체 조항을 다 받지 않아도 된다. 만약 수계 후에 계를 지키는 과정에서 실질적으로 극복할 수 없는 곤란한 상황을 만났을 때는 계를 내놓는 사계捨戒를 할 수 있다.

오계

계 조항을 나눠서 받고 지닐 수 있다. 만약 계를 받을 때는 전 조항을 다 받았는데 수계 후에 전부 다 지킬 수 없다는 것을 깨달았을 때는 지킬 수 있는 부분은 지키고 지킬 수 없는 부분은 사계할 수 있다.

보살계

수계할 때 부분적으로 조금 받을 수도 있고, 좀 더 받을 수도 있고, 전체 조항을 다 받을 수도 있다. 만약 받은 계를 지킬 수 없는 상황이 발생하였을 때는 그 부분을 사계할 수 있다.

팔관재계

육재일에만 받아서 하루 낮, 하루 밤만 지키는 계이므로 한 번 받았다고 영원히 지녀지는 것이 아니다. 원칙상으로는 사계의 문제가 발생하지 않는다. 그러나 정말 배가 너무 고파서 견딜 수가 없다든지 혹은 곤란한 상황을 맞닥뜨려서 지킬 방법이 없을 경우가 생기면 누구든지 한 사람을 상대로 이야기를 하면 곧 팔관재계를 내놓는 것으로 간주된다.

불교의 여러 계율 가운데 오직 보살계만 한 번 받으면 영구히 지니는 계다. 만약 중죄를 범해서 계체를 잃어버리지만 않는다면 미래제가 다하고 성불할 때까지 지닐 수 있다.[15] 그러므로 보

---

15 여기에 대해서 옛적부터 여러 가지 해석이 있어 왔다. 이치적으로 본다면 오역죄(부모와 아라한을 죽인 죄, 부처님 몸에 피를 낸 죄, 화합갈마승단을 무너뜨린 죄)에 전

살계를 제외한 나머지 계는 어떤 것이라도 다 사계할 수 있다. 살아 있을 때 사계하지 않아도 임종 때가 되면 계체가 자연히 소실된다.

현대사회의 생활은 다방면으로 다양하고 인간관계도 다원화되어 있어서 계를 청정하게 잘 지키기가 정말 쉽지 않다. 어떤 이는 직업 때문에 그럴 것이고, 어떤 이는 불음주계를 지킬 방법이 없고, 또 어떤 이는 망어계를 지킬 방법이 없다.

이런 시대에 생활 가운데에서 지계의 핵심 정신을 파악하여 자기의 생활을 마음 편안하고 안전하게, 그리고 즐겁게 이끌어 갈 수 있도록 하는 것이 가장 중요하고 가치 있는 일이다.

계화상과 스승을 죽인 죄를 더한 칠역죄를 지은 이는 보살계를 받을 수 없다. 만약 보살계를 받고 나서 십중대계를 범하면 계체를 잃어버리게 된다. 이때는 지극한 참회를 통해 서상瑞相을 보았을 경우에만 참회가 성립되어 다시 보살계를 받을 수 있다. 따라서 보살계는 심계 혹은 불성계이므로 일단 받기만 하면 성불할 때까지 영원히 지속된다는 생각은 잘못이다. 보살계를 받은 후에 어기지 않고 잘 지킨다는 전제하에 계체가 상속되어 성불에 이르러 사라지기 때문이다.

29

계는 마음에서 생긴다[戒由心生]의 뜻은 무엇인가?

소위 말하는 계유심생戒由心生은 불교의 계법이 심계라는 의미를 가리킨다. 자정기의自淨其意로 지계의 기초를 삼는다. 마음에서 계가 생기니 계가 곧 마음 가운데 있다. 그러나 심계心戒는 실계實戒를 벗어나지 않고, 실계는 심계에 근원을 두고 있다.

선계善戒와 불선계不善戒 모두 마음에서 생긴다

세존께서『오지물주경五支物主經』에서 말씀하셨다.

"어떤 것이 선계인가? 선한 신업, 선한 구업, 선한 의업을 선계라고 한다."

"이 선계는 어디서 생기는가? 선계가 생기는 곳을 내가 말하

리라. 마땅히 마음에서 생기는 줄 알아야 한다. 어째서 마음인가? 마음에 욕심이 없고, 성냄이 없고, 어리석음이 없다면 선계가 바로 이 마음에서 생기는 줄 마땅히 알 수 있다."

마찬가지로 불선계 또한 마음에서 생긴다. 불선계는 삿된 견해[邪見]와 삿된 생각[邪念]에서 생겨나 신구의 삼업으로 드러나는 악업이다. 선계는 곧 정계[正戒]인데, 정견과 정념으로부터 생겨서 신구의 삼업으로 나타나는 선업이다. 불선계와 선계가 모두 신구의 삼업의 인연으로 생기기도 하고 멸하기도 한다. 그러므로 계를 지니고 잘 수호하며 계행을 청정하게 해야 한다.

지계는 청정심을 보호하고 유지한다

『청정도론』에서 「무애해도」를 인용하여 계를 다음과 같이 해석하였다.

'어떤 것이 계인가? 의도[思]가 계이고, 심소[心所]가 계이며, 율의가 계이고, 범하지 않음이 계이다.'

스님은 삿된 견해와 생각으로
억압을 짓지 않았는지 경책한다

『아함경』을 전문적으로 연구하는 학자 양욱문楊郁文은 이 뜻을 다음과 같이 분석하여 설명하였다.

첫째는 의사意思가 있고 의도意圖가 있으며 목적이 있는 행위가 계이다. 둘째는 마음의 결단과 선택을 통과하여 계 조항에 부합하는 활동이 계이다. 셋째는 율과 규범으로써 악을 짓지 않도록 하고 선을 행하도록 하는 것이 계이다. 넷째는 자신을 일깨워서 죄와 과실을 범하지 않도록 경계시키는 것이 계이다.

신구의 세 가지 활동 가운데 의업이 가장 중요하다. 왜냐하면 언어나 행동은 마음의 작용이 없으면 업을 지을 수 없기 때문이다. 대승불교에서 범犯과 불범不犯을 판단하는 가장 중요한 요소가 바로 '마음[心]'인데, 그것은 곧 '의도'이다.

악한 생각은 악업을 만들 수 있지만 언어와 행동이 함께 작용하여 생기는 악업보다는 죄행이 가볍다. 그러므로 수행은 작은 것을 미리 예방하고 막아야 한다. 일단 자신에게 좋지 않은 생각이 일어나는 것을 발견하면 곧 바로 계로써 마음을 조복시켜야 한다. 이것이 청정심을 보호하고 지키는 방법이다.

30

조석 예불 할 때마다
왜 삼귀의를 해야 하는가?

불자는 매일 아침과 저녁 예불을 마치기 직전에 삼귀의를 염
송하고, 마지막으로 회향하면서 끝맺는다.

· 자귀의불 당원중생 체해대도 발무상심 自歸依佛 當願衆生 體解大道
發無上心 : 제가 부처님께 귀의하며, 바라건대 중생들이 대도
를 깨닫고 무상보리심을 발하게 하소서.

· 자귀의법 당원중생 심입경장 지혜여해 自歸依法 當願衆生 深入經藏
智慧如海 : 제가 가르침에 귀의하며, 바라건대 중생들이 경장
에 깊이 들어가 지혜가 바다 같게 하소서.

· 자귀의승 당원중생 통리대중 일체무애 自歸依僧 當願衆生 統理大衆
一切無礙 : 제가 승가에 귀의하며, 바라건대 중생들이 잘 화합

하여 일체 장애가 없게 하소서.

삼귀의가 아침 저녁으로 일깨워 주는 것

위의 삼귀의는 『화엄경』 「정행품淨行品」에 나온다. 불교를 배우고자 하는 이들에게 삼보를 구경의 귀의처로 삼도록 발원하라고 일깨워 준다. 또한 실천하도록 노력하는 동시에 발원의 마음을 일으키라고 일깨우는 목적도 있다. 사람들이 모두 위와 같이 되기를 바라는 목표로 기도하는 것이 바로 '당원중생'이다.

아침 예불 때 염송하는 삼귀의는 자신에게 스스로 발한 서원을 실현시키라고 일깨우는 목적이고, 저녁 예불 때 염송하는 삼귀의는 자신의 서원을 얼마나 달성했는지 반성하는 목적이다.

자귀의불自歸依佛 : 부처님의 최초 발심을 배우고, 어떻게 하면 출리심, 보리심, 지혜심을 잊지 않을 수 있는지 학습해야 한다. 부처님께서는 어떻게 성불을 하셨는지, 어떤 수행의 길을 걸으셨는지 등을 알아서 우리도 부처님과 동일한 마음과 동일한 서원을 가져야 비로소 부처님처럼 불도를 이룰 수 있다. 부처님께서 하신 것처럼 우리도 그대로 본받아 학습해야 하는데 그것이 바로 '체해대도體解大道 발무상심發無上心'이다.

자귀의법自歸依法 : 불교의 경전과 법문 등은 매우 다양한데 그 중에 어떤 것을 선택해야 하는가? 부처님께서 말씀하신 모든 법을 다 배우기를 발원해야 한다. 그래야 '심입경장深入經藏'의 계정혜 삼무루학을 철저히 투과하여 신구의 삼업을 변화시키고 탐진치 삼독을 제거해서 비로소 '지혜여해智慧如海', 즉 지혜가 바다와 같이 무변해진다.

자귀의승自歸依僧 : 승僧은 청정과 화합을 구족한 승단을 가리킨다. 승단은 육화경六和敬을 강조하는 하나의 단체로서 무사無私와 포용을 특징으로 한다. '통리대중統理大衆'은 다른 사람과 잘 지내는 것뿐만 아니라 자신까지도 포괄한다. 우리는 자주 몸과 마음이 조화를 이루지 못하므로 자신과 대중 혹은 다른 사람들을 위해 발원해야 한다. 모두들 몸과 마음이 조화를 잘 이루고, 가정이 화평하고, 더 나아가 인간관계가 조화롭기를 발원하고,

사회 전체에서 전 세계로 이 발원을 점점 확장해 나가면 진정한 '일체무애一切無礙'에 도달한다.

자력에 의지하고 정법에 의지하여 수학하기

귀의삼보 앞에 '자自' 자를 왜 넣었는가? 부처님께서 열반회상에서 제자들에게 '스스로를 의지하고 법에 의지하되 다른 것에는 의지하지 말라'고 가르치신 것이 진정한 귀의의 뜻이기 때문이다. 불제자는 마땅히 '자력'에 의지해야 하고, '정법'에 의지해서 공부해야 한다. 자기의 불성에 의지해야 한다. 왜냐하면 자기 자신도 성불할 수 있는 능력을 갖추고 있기 때문이다. 처음에는 '주지삼보住持三寶'16를 의지하여 공부하고, 최종적으로는 '자성삼보自性三寶'17로 돌아와서 의지해야 한다.

---

16 주지삼보 : 불멸 후 삼보라 불렸던 것으로서 불보는 금속이나 나무·돌 등으로 만든 불상이고, 법보는 나뭇잎·나무껍질·직물·종이 등에 쓰인 경전이나 인쇄된 경권서책經卷書冊 등 불교성전이며, 승보는 비구·비구니 등으로 구성된 승단을 말한다.

17 자성삼보 : 자성自性의 각覺을 불佛이라 하고, 자성의 정正을 법法이라 하며, 자성의 정淨을 승僧이라 한다.

이렇게 삼귀의 뜻을 충분히 이해하고 난 후, 자신의 마음 한 가운데 불법을 튼튼히 자리 잡게 하고, 삼귀의를 마음 한가운데 뿌리 내리게 하는 것이 우리가 세세생생 수행해야 하는 가장 최고의 지도 원칙이다.

3

지계의 의지
견고하게 세우기

31

삼귀의계는
어떻게 지켜야 하는가?

삼귀의는 정식 불교신도가 되는 필수과정일 뿐만 아니라, 잘 지키고 실천해야 하는 계 조목이다. 일단 불법승 삼보에 귀의했다면 다른 종교를 신앙해서는 안 되기 때문이다. 이런 사람이 올바로 삼보를 믿는 부처님의 진정한 제자이다.

삼귀의가 금지하는 세 가지

불교신도는 불법승 삼보에 귀의하고 나면 다음의 세 가지의 행위가 금지된다. '천마天魔외도, 외도의 삿된 교설, 외도의 무리'에 귀의할 수 없다.

『반주삼매경般舟三昧經』에 기록된 부처님 말씀은 다음과 같다.

"오계를 받아 지니면 자연히 스스로 세 가지에 귀속된다. 무엇이 세 가지인가? 귀의불[歸命佛], 귀의법[歸命法], 귀의승[歸命僧]이다. 다른 외도를 섬겨서는 안 되고, 하늘에 예배해서도 안 되며, 귀신 등에 기도하거나 길흉화복을 점쳐서도 안 된다."

올바른 믿음으로 불교 배우기

그러므로 삼보에 귀의하고 나면, 첫째 천마외도에 의지해서는 안 된다. 귀신이나 외도에게 절을 하거나 구하는 기도를 해서는 안 된다. 반드시 불보가 진실한 귀의처임을 믿어야 한다. 그래야 불도를 따르다가 귀신도나 마도에 잘못 빠지지 않는다.

둘째, 법보에 의지해서 계정혜 삼학을 수학해야 한다. 기타 외도의 삿된 교설이나 서적을 받들고 믿어서는 안 된다. 그래야 정법을 잘못 오해하여 삿된 법이라 여기지 않으며, 불법에 기생하는 외도가 되어 놓고 자기 자신만 그 사실을 모르는 일이 생기지 않게 된다.

셋째, 승보를 예경해야 한다. 스님들을 따라서 불법을 수학해야 외도나 신통 있는 자를 찾아 숭배하지 않게 되고 다른 종교의 사람을 의지하지 않게 된다. 이렇게 배워야 올바른 믿음으로 불교를 배우는 것이다.

32

불살생계는
어떻게 지켜야 하는가?

불살생계의 핵심은 사람을 죽이지 않는 것을 의미하지만, 동물이나 곤충 등을 죽이지 않는 것을 추가하는 것이 더욱 좋다. 왜냐하면 생명을 존중함으로써 자비심을 키우기 때문이다.

사람을 죽이는 중죄의 조건

불살생계는 사람을 죽이면 무거운 죄가 되고, 사람 이외의 기타 생명을 죽이면 가벼운 죄가 된다. 기타 생명이란 '축생'과 사람 아닌 존재인 귀신 등의 '비인非人'을 말한다.

살인의 중죄는 다음의 다섯 가지 조건을 충족했을 때 성립한다.

① 사람 : 살해의 대상이 사람이다.

② 사람이라는 생각 : 대상이 사람인 줄 알고 사람이라고 생각한다.

③ 죽일 마음 : 사람을 죽이겠다는 마음이 있다. 죽일 마음이 전혀 없는 상태에서 착오나 과실 등으로 사람을 죽인 것은 조건에 해당되지 않는다.

④ 방편을 일으킴 : 사람을 죽이기 위한 각종 방법을 사용한다.

⑤ 상대방의 목숨이 끊김 : 피해자의 목숨이 끊겨 사망한다.

이상의 다섯 가지 조건이 모두 충족되면 살인의 중죄를 범한 것이다. 이 중 한 가지 조건이라도 충족되지 않으면 살인의 방편죄가 성립된다.

의지 없이 일어난 살생은 중죄를 범하지 않는다

살생은 행위를 하기 전에 죽이고자 하는 마음을 일으켰느냐의 여부가 중요하다. 만약 의지 없이 일어난 살생이라면 중죄를 범하지는 않는다. 예를 들어 죽일 마음이 전혀 없었는데 실수로 살생을 했거나 혹은 장난으로 사람을 때렸는데 죽었으면 중죄를 범하지는 않는다. 이때는 참회 가능한 가회죄可悔罪를 범한다.

뜻밖의 실수나 착오로 인한 살생은 죄를 범하지 않는다. 예를 들어 정신 착란이나 미친 상태에서 일어난 살생은 자신의 주체적 의지로 사람을 죽인 것이 아니므로 죄를 범하지 않는다.

사람을 죽인 죄 가운데 특히 '부모'나 깨달은 성인인 '아라한'을 살해하면 역죄逆罪에 속하고 무간지옥에 떨어진다. 이는 살생계 가운데 가장 극심한 중죄이다.

우리의 일상생활에서는 사람을 죽일 가능성은 낮고, 비인非人을 죽일 가능성은 더욱 희박하다. 동물을 죽이는 경우는 도살업자가 아닌 이상 매일 돼지나 소를 잡지는 않는다.

일반인들이 아주 쉽게 범하는 살생계는 곤충이나 개미 혹은 모기 등의 생명을 죽이는 것이다. 사람을 해치는 곤충이나 개미 등은 당연히 쫓아내야 하지만, 그렇더라도 가급적이면 그들의 생명을 보호하는 방식을 찾도록 해야 한다. 만약 실수나 착오로 이들 생명체를 죽이거나 상해를 입혔으면 반드시 참회하는 마음을 내고, 그들이 선한 업도^{業道}에 태어나서 필경에는 꼭 성불하도록 발원을 해 줘야 살생죄를 면할 수 있다.

불살생계를 지키기 위해서 '반드시 채식을 해야 한다'는 규정은 없다. 그러나 대승불교의 보살계 규정에 의하여 불살생계를 지키려면 자신이 직접 살생을 해서도 안 되지만 다른 사람에게 살생을 하도록 권하거나 시켜서도 안 된다. 그러므로 자기 손으로 닭, 오리, 물고기, 개구리 등을 죽이면 안 된다. 이미 죽은 육류를 구매하거나 먹는 행위는 오계^{五戒}에서 금지하는 사항에 속하지는 않는다. 물론 발심하여 채식을 할 수 있다면 대승보살계의 자비정신에 부합하므로 가장 이상적이다.

●
●
●

『십선업도경』에 의하면, 살생을 하지 않으면 열 가지의 고뇌를 여의는 법을 성취한다.

첫째, 모든 중생에게 널리 무외를 베푼다. 둘째, 언제나 중생에게 대자비심을 일으킨다. 셋째, 온갖 성을 내는 습기를 영원히 끊는다. 넷째, 몸에는 항상 병이 없다. 다섯째, 수명을 오래오래 누린다. 여섯째, 항상 비인非人의 수호를 받는다. 일곱째, 언제나 악몽이 없고 자나 깨나 쾌락을 느낀다. 여덟째, 원수가 없어지고 모든 원한이 저절로 풀린다. 아홉째, 악도에 대한 두려움이 없다. 열째, 죽으면 천상에 난다. 만일 아뇩다라삼먁삼보리에 회향할 수 있으면 뒤에 성불할 때에는 부처가 되어서 마음대로 자재로이 수명을 누린다.

33

불투도계는
어떻게 지켜야 하는가?

도둑질은 주지 않은 것을 취하는 것을 말한다. 그 뜻은 상대
방이 허락하지 않았음을 의미하며, 허락을 받아야만 가질 수 있
는 물건을 상대방에게 알리지도 않고 취하는 행위이다. 몰래 훔
치는 행위는 부처님이 제정하신 계를 범할 뿐만 아니라 세간의
법률에서도 허용되지 않는다.

그러므로 이 계를 지키면 범법행위를 하지 않도록 보호해 준
다. 도둑질하지 않는 계를 지키는 이는 타인의 재물을 훔치지
않는 것 외에도 적극적으로 빈곤을 구제하고 타인에게 보시를
실천해야 한다.

도둑질하는 계를 범하는 여섯 가지 조건

다음의 여섯 가지 조건을 충족하면 이 계를 범한다.

① 타인의 물건 : 타인의 재물

② 타인의 물건이라는 생각 : 물건이 다른 사람 것이고 자신의 것이 아니라는 사실을 명확하게 알고 있다.

③ 훔치려는 마음 : 훔치려는 생각을 일으키는 것으로서, 훔치려는 사전 의도가 존재하는 것이다.

④ 방편을 일으켜서 취함 : 갖가지 방법을 동원하여 훔치는 목적을 달성하는 것이다.

⑤ 오전五錢의 값어치 : 훔친 물건의 값어치가 오전에 해당하는 것이다. 이것은 부처님께서 당시 인도 마갈타국의 국내법을 참고하여 기준으로 삼은 금액이다. 그 당시 국내법으로는 오전 이상[18] 훔친 이를 사형에 처하도록 되어 있었다.

---

18 오전이라는 값어치가 얼마에 해당하는지는 여러 율사스님들의 연구에도 불구하고 특정하지 못하고 있다. 단지 사형에 처할 정도의 수준이라면 금액의 단위가 컸을 것으로 보고, 현실적으로 적용하는 금액은 율사스님들마다 해석이 조

그래서 부처님께서는 불제자들이 오전 이상을 훔치면 출가를 버리고 환속해야 한다고 제정하셨다. 이 경우는 왕법에 따라 처벌을 받아야 한다.

⑥ 본래 있던 장소를 벗어남 : 훔친 물건을 옮기거나 들어서 원래 있던 장소를 벗어나면 범한다.

남의 물건 슬쩍 가져가지 말 것

만약 물건 주인이 동의하지 않았다면, 편취, 겁취, 절취, 강취, 소송취, 소매치기, 탈세, 부탁 받은 물건을 돌려주지 않는 행위 등 어떤 수단을 쓰더라도 모두 도둑질이다.

배고픔, 질병, 천재지변, 인화人禍, 가족양육 등의 어떠한 이유로도 남의 물건을 허락받지 않고 가져가면 도둑질이다.

만약 곤란한 사정이나 이유가 있다면 상대방에게 달라고 부탁을 해야 한다. 사람이 주는 보시를 받는 것은 무죄다. 빌리고 나서 돌려주지 않는 것 역시 도둑질이다.

금씩 다르다. 예를 들어 해당 국가 중산층의 한 달 평균 월급으로 보는 견해도 있다.

일상생활에서 작은 편리를 탐하는 일이나 남의 물건을 슬쩍 가지는 것 등은 일반인들이 비교적 소홀하기 쉬운 경향이 있다. 예를 들면 장사하는 이들이 바가지를 씌워 돈을 받는다든지, 우체국으로 서신이나 책 등을 보낼 때 택배 값을 적게 낸다든지, 음식점에서 사용하는 작은 물건들을 슬쩍 가지고 간다든지, 우산이나 책 등을 빌려 쓰고는 돌려주지 않는다든지, 공공물품을 개인의 사적 용도나 가정용으로 가져다 쓴다든지 하는 등의 행위이다.

사소한 것들이라고 생각하기 때문에 이런 세세한 부분들을 마음에 두지 않고 별다른 뜻 없이 행하는데, 이런 행위를 일상에서 오래 하면 어느 날 양을 끌고 가는 상습범[바늘도둑이 소도둑]으로 변할 수도 있다. 타인을 번뇌롭게 하고 손실을 입히며, 자신은 도둑질하는 계를 범하게 되는데 이 모든 일들이 부지불식간에 일어난다.

일을 할 때에도 합리적으로 이윤을 취해야 한다. 타인의 재물을 음모를 써서 취하지 말아야 한다. 오계를 전부 받아 지키는 재가자는 정당한 영업이나 직업을 가져야 하고, 세금을 탈루하거나 탐심으로 뇌물을 받거나 하면 모두 이 계를 범하게 된다.

불투도계를 지킬 수 있는 이는 마음이 안정되어 전심전력으로 일을 할 수 있고, 자신이 하는 사업을 긍정적으로 확신하니 이것이 바로 복 짓는 사람들이 모여서 복전을 일구는 것이다.

●
●
●

두 사람 사이가 매우 친하다면 상대방의 물건을 이야기하지 않고 쓸 수 있다. 내가 친구의 물건을 썼다는 사실을 알고 나서 친구가 어떤 싫은 마음도 일으키지 않고 환희심을 내며, 네 것이 내 것이고 내 것이 네 것이라고 여겨 피차의 분별이 없는 경우이다. 이때에는 허락받지 않고 물건을 써도 도둑질을 범하지 않는다. 그러나 상대방과의 인연이 이처럼 돈독하고 믿는 사이가 아니라는 것을 분명히 알면서 친한 사이라고 생각하고 사용했다면, 도둑질하려는 마음은 없었으므로 근본죄는 범하지 않지만 상대방이 불편한 마음을 가질 수 있기 때문에 좋은 방법이 아니다.

율장에서 부처님께서는 아난에게 친하다는 생각으로 옷이나 물건을 상대방 허락 없이 사용할 수 있는 경우는 다음과 같은 조건을 갖춘 진정한 벗일 때 가능하다고 하셨다.

첫째, 하기 어려운 일을 기꺼이 할 수 있는 사이로서 친구를 대신해서 어떤 힘든 일을 해도 싫어하지 않는다.

둘째, 주기 어려운 것을 기꺼이 줄 수 있는 사이로서 자기가 아끼고 소중히 여기는 것을 기꺼이 내주어도 아깝지 않다.

셋째, 참기 힘든 것을 기꺼이 참을 수 있는 사이로서 일을 도모할 때는 서로 뜻이 다르고 번뇌롭더라도 끝나고 나서는 조금의 원한도 없다.

넷째, 남들에게 알리기 어려운 비밀을 서로 공유하는 사이로서 속마음을 털어놓고 감추는 것이 없다.

다섯째, 단점을 서로 덮어 주는 사이로서 단점은 덮어 주고 장점은 드러내서 밖으로 드러난 명성이 훼손되지 않도록 한다.

여섯째, 고난을 당했을 때 저버리지 않는 사이로서 설사 감옥에 갇히거나 구속을 당해도 절대로 외면하지 않고 여러 방면으로 도와준다.

일곱째, 가난하고 지위가 낮아도 함부로 경시하지 않는 사이로서 친구의 귀천빈부에도 언제나 처음처럼 한결같다.

『십선업도경』에 의하면, 도둑질을 하지 않으면 다음과 같은 법을 얻는다.

첫째, 재화가 꽉 차 있어도 왕이나 도적 혹은 천재지변이나 사람들이 훼손
　　시킬 수 없다.

둘째, 많은 사람이 아끼고 사랑한다.

셋째, 사람들이 속이지 아니한다.

넷째, 시방이 다 찬탄한다.

다섯째, 손해 볼 우려가 없다.

여섯째, 좋은 명성이 널리 퍼진다.

일곱째, 대중에 있어도 두려움이 없다.

여덟째, 재물, 수명, 상호, 안락 및 변재가 구족하여 결함이 없다.

아홉째, 항상 보시하려는 뜻을 품는다.

열째, 죽으면 천상에 태어난다.

만일 보리에 회향하면 뒤에 성불할 때에 청정한 대보리의 지혜를 증득
한다.

34

불사음계는
어떻게 지켜야 하는가?

가정 윤리 보호

국가의 법률적 보호를 받지 못하거나 사회도덕상 용인되지 않는 모든 반려 관계를 통틀어서 칭하는 말이 사음邪婬이다.

중생의 존재는 모두 음욕으로부터 생겨났다. 범부 중생들에게 음욕을 완전히 끊으라고 요구하는 것은 불가능하기 때문에 부처님께서는 재가불자들에게 정당한 배우자와의 성생활을 금지하지 않으셨다.

정당한 반려 관계는 가정 윤리이다. 정상적이지 않은 감정 관계로 인해 치정에 얽힌 살인이나 혼외정사 등의 문제가 생기기도 하고, 심신의 건강도 해치며, 가정의 화목에도 영향을 미치게 된다. 또한 법률에 저촉될 가능성도 있다. 인간을 화목하고 안락하게 만들기 위해서 부처님께서는 불사음계를 제정하셨다.

감정 관계로 인한 번뇌 피하기

출가자는 일체 모든 음행을 금지하는 불음계不婬戒를 준수해야 한다. 재가자는 삿된 음행을 금지하는 불사음계不邪婬戒를 잘 지켜야 하는데 배우자 외의 다른 사람과 성행위를 해서는 안 된다.

계를 범하는 것은 모두 마음에서 비롯된다. 사음의 마음이 없으면 주동적으로 사음계를 범하지 않는다. 곳곳에 유혹이 도사리고 있는 현대사회에서 불사음계를 지키는 것은 자신의 심신 건강에 도움이 될 뿐 아니라 가정의 윤리를 화목하게 유지하도록 만든다. 더 나아가 타인이 갖가지 감정적 번뇌를 일으키지 않도록 하고, 서로 안심하고 수행할 수 있게 된다.

·
·
·

『재가율요광집_{在家律要廣集}』과 『대방광불화엄경』(60권본) 권24 「십지품」에 따르면, 사음 죄의 인과는 삼악도에 떨어진다. 혹 인간의 몸을 받더라도 두 가지 과보를 받는다. 첫째는 배우자가 정결하지 않고, 둘째는 뜻에 맞는 권속을 얻지 못한다.

사음도 등급에 따라 상·중·하 세 품으로 나눈다. 특히 부모·형제·자매·육친과의 사음은 상품에 속하고, 그 외는 모두 중품에 속한다. 배우자라 하더라도 적절하지 않은 시간과 적절하지 않은 장소에서 성행위를 하면 하품이다. 마음의 강약에 따라 혹은 참회나 후회 여부에 따라 삼품으로 나누고 그에 따라 삼악도 중 한 군데로 간다.

『십선업도경』에 따르면 사음을 하지 않으면 찬탄받을 만한 네 가지 이득을 얻는다. 첫째, 육근이 조화롭고 둘째, 분쟁과 시끄러운 일에 빠지지 않고 셋째, 세상 사람들의 찬탄을 받으며 넷째, 배우자가 어떠한 침해도 받지 않고 안전하다. 만약 보리를 향해 나아가면 나중에 성불할 때 부처님의 32상호 중 한 가지를 얻는다.

35

불망어계는
어떻게 지켜야 하는가?

　망어란 허황되고 진실하지 않은 말이다. 대망어, 소망어, 방편망어 세 가지로 크게 분류한다. 소망어는 기어, 양설, 악구 등을 포함하는데, 화려한 말을 늘어놓는 것, 이간질하는 말, 악한 욕을 하거나 감정을 자극하는 말 등도 다 이 계를 범한다.

　방편망어란 좋은 마음에서 일어난 것으로서 타인에게 이득을 주기 위해서 하는 말이기 때문에 이는 계를 범하지 않는다.

　셋 중 가장 무거운 죄가 대망어죄를 범하는 것이다. 증득하지 못했으면서 자칭 증득했다거나 깨달았다고 말하고, 범부가 스스로를 성인이라고 칭하는 것 등이다. 이는 타인의 수행에 방해나 장애가 되는 무서운 인과를 불러오기 때문에 그에 대한 책임을 져야 하므로 반드시 조심해야 한다.

대망어계를 범하는 조건

① 사람을 대상으로 말함 : 사람을 대상으로 대망어를 하는 것이다.

② 사람이라는 생각 : 상대방이 확실히 사람이고, 사람 아닌 존재[非人]나 축생이 아님을 명확히 인식하는 것이다.

③ 속이려 하는 마음 : 상대방을 속여서 뭔가를 얻고자 하는 뜻이 있는 것이다.

④ 대망어를 함 : 자기가 도를 증득하지 않았음에도 불구하고 이미 증득했다고 말하거나, 천신이나 귀신 등을 보지 못했으면서도 보았다고 말하는 것이다.

⑤ 말을 들은 사람이 뜻을 이해함 : 말한 내용을 상대방이 이해할 수 있어야 한다. 만약 귀가 들리지 않거나 어리석은 이, 혹은 말을 이해하지 못하는 이, 또는 비인非人이나 축생 등을 향해서 대망어를 했다면 중죄를 범하지는 않고 경죄를 범한다.

사람을 속이려는 마음을 가지지 말 것

사람을 속이려는 마음을 지니고 어떤 방법을 이용하든 상관 없이 상대방이 속으면 곧 망어죄가 성립한다. 일반인은 보통 대망어를 하지 않고, 단지 인과를 이해하지 못하는 이들이 비교적 쉽게 범하는 것이 소망어계이다.

일반인은 얼굴을 마주하고 이야기를 나누거나 혹은 관상이나 팔괘 등을 보면서 속이는 말을 하거나 장단점을 이야기하기 쉬운데, 모든 재앙은 입으로부터 나와서 타인을 번뇌롭게 만든다. 그러므로 수행자는 말을 삼가고 행동을 조심해야 한다.

고대에는 망어를 퍼뜨리는 범위가 한정적이었기 때문에 속는 사람이 그리 많지 않았다. 그러나 현대사회는 인터넷이나 텔레비전, 신문, 잡지, 전화 등 망어를 퍼뜨리고 확산시킬 수 있는 도구가 다양해서 망어의 역량이 무한해졌다. 한마디의 거짓말로 여러 사람을 속일 수도 있게 되었다.

그러므로 거짓말하지 말라는 이 계를 강조하면 사회의 안정에도 기여할 수 있고, 사람 간의 평화에도 도움이 될 수 있다.

•
•
•

    망어 죄는 삼악도에 떨어지고, 인간 몸을 받더라도 두 가지 과보가 있다. 첫째는 사람들의 비방이 많고, 둘째는 사람들로부터 속임을 잘 당한다. 양설의 죄 또한 삼악도에 떨어지고, 인간 몸을 받더라도 두 가지 과보가 있다. 첫째는 패악권속을 얻고, 둘째는 권속이 화목하지 않다.

    악구의 죄 또한 삼악도에 떨어지고, 인간 몸을 받더라도 두 가지 과보가 있다. 첫째는 나쁜 말을 자주 듣고, 둘째는 하는 말마다 항상 쟁송에 휩싸인다.

    별다른 뜻이 없는 말이나 꾸미는 말을 하는 기어 죄 또한 삼악도에 떨어지고, 인간 몸을 받더라도 두 가지 과보가 있다. 첫째는 하는 말마다 사람들이 믿어 주지 않고, 둘째는 하는 말마다 그 뜻이 명료하지 않다.

_ 『대방광불화엄경』(60권본) 권24 「십지품」

    『재가율요광집』 권3에서 『십선업도경十善業道經』에 따르면 거짓말[妄語]을 하지 않으면 천인들이 찬탄하는 여덟 가지 법과 나중에 성불할 때 여래의 진실어를 얻는다.

① 입이 항상 청결하여 우발라향이 나고,

② 세간 사람들이 믿고 따르며,

③ 말을 하면 진실한 증명이 되므로 인천人天이 존경하고,

④ 항상 좋은 말로써 중생들에게 안온함을 주고,

⑤ 수승한 기쁨을 얻으니 삼업이 청정하고,

⑥ 하는 말에 과오나 실수가 없으니 마음이 항상 환희롭고,

⑦ 하는 말이 존귀하니 인천이 받들어 행하고,

⑧ 지혜가 수승하여 말을 거절할 수가 없다.

이간질[兩舌]을 하지 않으면 다섯 가지 무너뜨릴 수 없는 법을 얻고, 나중에 성불할 때 바른 권속을 얻어 천마외도의 침범을 받지 않는다.

① 몸을 해칠 수 없으므로 불괴신不壞身을 얻고,

② 권속을 깨뜨릴 수 없으므로 불괴권속不壞眷屬을 얻고,

③ 본업에 수순하므로 불괴신不壞信을 얻고,

④ 수행이 견고하므로 불괴법행不壞法行을 얻고,

⑤ 광신이나 미혹이 없으므로 불괴선지식^{不壞善知識}을 얻는다.

나쁜 말$^{[惡口]}$을 하지 않으면 여덟 가지 청정한 업을 얻고, 나중에 성불할 때 여래의 깨끗한 음성을 구족한다.

① 말이 법도에 어긋나지 않고,

② 말마다 이익이 있고,

③ 말이 이치에 반드시 계합되며,

④ 사용하는 단어가 미묘하며,

⑤ 하는 말마다 요점이 명확하며,

⑥ 말에 신용이 있고,

⑦ 말을 싫어할 수 없고,

⑧ 말마다 다 사랑스럽다.

아첨하는 말$^{[綺語]}$을 하지 않으면 결정적으로 다음 세 가지를 성취한다.

① 지혜 있는 이들이 아끼는 대상이 되고,

② 지혜로써 여실하게 답변할 수 있게 되며,

③ 인천^{人天} 가운데 위의와 덕이 수승해진다.

36
불음주계는
어떻게 지켜야 하는가?

불음주계는 불교 계율의 특색으로서, 음주가 비록 나쁜 일은 아니지만 사람의 마음과 정신을 혼란하게 만들고 자제력을 잃게 하여 결국 사람을 다치게 만드는 여러 가지 행위들을 불러온다. 그래서 오계 가운데 앞의 네 가지는 근본적인 성계^{性戒19}에 해당하지만 음주는 차계^{遮戒}에 해당한다. 왜냐하면 음주는 다른 계율을 지키고 보호하는 행위를 막고 방해하기 때문이다. 술을 마시다 보면 자제력을 잃어 사람에게 욕을 하고, 죽이기도 하

---

19 성계는 계율로 정하지 않았더라도 인간으로서 지켜야 할 기본적인 도리에 해당하는 것으로서 이것을 범하면 국가의 법률이나 사회법으로 규제한다. 차계는 일반적으로는 죄가 아니고 법률이나 사회법으로 규제하지도 않지만 부처님께서 계율로 금지한 것을 말한다.

며, 강제적 폭력과 탈취 행위까지 가능하게 만들어 결국 오계를 전부 범하게 된다.

불음주계를 범하는 조건

① 술 : 사람을 취하게 만드는 음료
② 술이라는 생각 : 사람을 취하게 만드는 음료라는 사실을 명확하게 앎
③ 입에 넣음 : 한 방울이라도 입술에 대서도 안 된다. 만약 입으로 한 모금이라도 삼키면 하나의 가회죄可悔罪를 범한다.

마시고 싶은 생각 절제하기

어떻게 하면 불음주계를 범한 것으로 볼 수 있는가?
『사분율』에 따르면, 술 색깔, 술 향기, 술맛의 조건을 갖춘 것은 마시지 말아야 한다. 술이긴 한데 술 색깔은 안 나고 술 향기와 술맛이 나는 것도 마시지 말아야 한다.
이미 술맛과 술 향기가 난다면 어떤 것이든지 마시지 않도록

해야 한다. 아주 조금만 마셔야지 하다가도 사람들은 자주 뜻과 다르게 많이 마시고, 나중에는 정신이 혼미해진다.

계를 받은 공능 가운데 한 가지는, 하고 싶어하는 은밀한 마음을 억제하거나 피하는 데 있다. 지계의 역량을 쌓아서 무엇인가 불선한 행위를 하고 싶은 욕망을 절제해야 한다. 은밀한 마음이란, 사람이 마음을 일으키고 생각을 움직이는 것으로서 집착심, 반연심, 계교심計較心 같은 것들이다. 이들은 모두 생사를 일으키는 마음이다. 이 은밀한 마음을 제거하지 못하면 생사에서 해탈할 수 있는 방법은 없다.

만약 밥을 먹는 도중에 생각지도 않게 술을 발견했을 경우, 마실 생각은 없으나 기본적으로 음식물을 낭비할 수 없는 상황이거나, 초대해 준 사람과 장소 및 일의 특성 등을 잘 고려하고, 함께 음식을 먹는 친구를 곤란하게 만들지 않는 경우에 어쩔 수 없이 개연開緣으로 허용할 수 있다. 단, 그렇다 해도 마음속으로는 반드시 정념正念과 정지正知를 지켜야 한다.

불음주계를 지키는 중점은 지계의 원칙을 확실히 알고 최대한 술을 마시지 않는 데 있다. 만약 조심하지 않아서 자신도 모르게 술을 마시게 되었을 경우에는, 굳이 자신과 다른 사람을 번뇌롭게 만들지 않도록 각별한 주의를 해야 한다.

　부처님께서는 율장에서 "만약 나를 스승으로 여기는 이는 풀이나 나무를 술에 넣어서 입에 한 방울이라도 떨어뜨리면 안 된다. 술로 인하여 열 가지 허물이 생긴다"고 말씀하셨다.

　열 가지 허물이란, 첫째, 안색이 나쁘고 둘째, 기력이 약해지며 셋째, 눈에 보이는 것이 밝지 못하고 넷째, 성난 모습을 드러내고 다섯째, 생계를 유지하는 가업을 무너뜨리고 여섯째, 질병이 늘어나고 일곱째, 다툼과 송사訟事를 더하며 여덟째, 좋은 명성이 없어지고 아홉째, 지혜가 적어지고 열째, 목숨이 다하면 삼악도에 떨어지는 것이다.

　이 열 가지 허물을 보면 술의 폐해가 분명하게 드러나는데도 세상의 어리석은 이들은 반대로 말하면서 "힘을 더하고 병을 치료한다"고 하니 잘못된 생각 아니겠는가!

『다론多論』에 어떤 사람이 술을 마신 후 자기 모친과 음행을 하고, 닭을 훔치고, 살인을 하였다. 사람들이 물었으나 모두 하지 않았다고 거짓말까지 하였다. 이로써 네 가지 근본중죄까지 저질렀으니 술의 폐해를 알 수 있다. 진실로 정신을 혼미하게 하고 생각을 어지럽히고 방일함의 근본이 되며 수행자에게는 큰 근심이 되니, 마시지 말아야 한다.

37

팔관재계는
어떻게 지켜야 하는가?

팔관재계를 수지하는 주요 목적은 세속에서 벗어나는 선근 종자를 심는 것이다. 팔관재계를 하루 낮, 하루 밤 동안만 지켜도 이렇게 한 번 계를 지킨 공덕으로 윤회에서 벗어나 해탈하는 인因을 심는다.

앞의 다섯 가지 계는 오계와 동일하다

팔관재계의 지켜야 할 내용은 다음과 같다.

① 살생하지 않는다.
② 도둑질하지 않는다.

③ 청정하지 않은 행, 즉 음행을 하지 않는다.

④ 거짓말을 하지 않는다.

⑤ 술을 마시지 않는다.

⑥ 화장이나 화려한 장식을 하지 않고 몸에 향유를 바르지 않는다. 노래하고 춤추지 않고 일부러 가서 기악을 보거나 듣지 않는다.

⑦ 높고 넓은 침상에 앉거나 눕지 않는다.

⑧ 때 아닌 때에 음식을 먹지 않는다.

앞부분의 다섯 조항은 삿된 음행인 불사음不邪婬에서 일체의 모든 음행을 금지하는 불음不婬으로 바뀐 것 외에는 오계와 동일하고, 뒤의 세 가지 조항은 추가되었다.

'화장이나 화려한 장식을 하지 않고 몸에 향유를 바르지 않으며, 노래하고 춤추지 않고 일부러 가서 기악을 보거나 듣지 않는다'는 조항과 '높고 넓은 침상에 앉거나 눕지 않는다'는 두 조항의 주요 목적은 간접적으로 욕념欲念을 일으킬 가능성을 없애기 위함이다. 예를 들어 몸에 향수를 바르거나 화장을 한다든지 머리에 화려한 장식을 하는 등의 행위 뒤에 숨어 있는 동기는 주로 타인의 시선을 끌기 위해서다. 노래하고 춤추는 등의 오락은 몸과 마음을 미혹시키기 쉬워서 청정한 해탈과는 상응하지 않는다. 자기가 직접 이러한 연출을 하든 혹은 다른 사람의 표현을 감상하든 모두 도를 닦는 데 영향을 미치고 욕망을 풀어지게 만드는 매개체가 된다.

 높고 넓은 침상에 앉거나 눕지 않는다는 것은 방일과 욕념을 일으킬 가능성을 피하기 위해서다. 높고 넓은 침상에 눕거나 앉지 않는다는 것이 침대에서 잠을 잘 수 없다는 의미는 아니다. 만약 안락한 스프링 침대가 확실히 탐애貪愛를 피하기 어렵다면 딱딱한 나무 침대나 장판 같은 곳으로 옮겨 잠을 자도록 해야 한다.

 '때 아닌 때에 먹지 않는다'는 불비시식계는 정오가 지나면 음식이나 음료수를 다시 마시지 말라는 것이다. 이 조항은 재齋를 지키기 위해서다. 만약 정오를 초과했는데 음식을 먹으면 바로 비시식非時食이다. 재를 지킬 때는 탁하지 않은 음료수, 꿀물, 설탕물, 생강 우린 물 등은 마실 수 있다. 입안에 씹히는 건더기가 든 물은 마시면 안 된다. 만약 병이 있어서 약물을 복용해야 할 때는 이 조항의 제약을 받지 않는다.

음욕을 제거하고 음식을 절제하기

음욕과 식욕은 생사의 문을 닫는 데 있어 가장 곤란한 장애이다. 그래서 제일 좋은 방법은 절에 머물면서 계를 받는 것이다. 절이라는 환경 자체가 계를 지키기 쉽고 다른 영향을 받지 않기 때문이다. 집에 돌아가서 계를 지키려면 자신의 굳건한 결심에 의존해야 한다.

출가할 방법이 없는 재가거사를 위해 부처님께서 시설施設해 주신 계법이 팔관재계다. 생사의 문을 닫아 버리는 이 여덟 가지 조항의 계법을 통해서 재가자도 생사를 벗어나는 길을 걸을 수 있다는 확신을 갖게 된다.

38

보살계는
어떻게 지켜야 하는가?

부처가 되려면 반드시 먼저 보살도를 실천해야 한다. 보살도를 실천하면 반드시 부처가 된다. 보살도를 실천하려면 꼭 보살계를 받아야 한다.

재가보살계의 수지受持 내용은 지금부터 부처가 되는 그때까지 미래제가 다하도록 불·법·승·계의 사불괴신四不壞信에 의지한다는 발원을 하고, 일체 악을 그치고 일체 선을 행하며 모든 중생에게 이익을 주겠다는 삼취정계를 받아 지녀야 한다.

보살계는 계체가 소실되지 않는다

보살계의 각 조항은 모두 무진계無盡戒라서 하나의 계를 지키면 곧 일체중생의 분상에서 지계 공덕을 얻게 된다. 중생의 수가 무량하므로 지계의 공덕 또한 다함이 없다. 이외에도 보살계는 이번 한 생의 생명이 다할 때까지만 지키는 진형수盡形壽계가 아니고, 무량한 미래세 동안 지키는 진미래제盡未來際 계이므로 임종하여도 사계捨戒가 되지 않는다. 이런 까닭으로 보살계의 공덕이 미래제까지 가고 한 번 받으면 영원히 지니게 되는 것이다.

보살계의 공덕이 미래 무량세까지 가는 까닭으로 한 번 받고 나면 계체가 사라지지 않는다. 단지 두 가지 경우에는 계체가 소실되는데 하나는 중죄를 범했을 때이고 다른 하나는 고의로 대보리심을 내놓아 버린 경우다.

제악막작뿐 아니라 중선봉행해야 한다

성문계의 지계 범위는 제악막작이고, 보살계는 거기다가 중선봉행衆善奉行을 추가해야 한다. 성문계 안에서는 악을 그치는 노력을 하지 않으면 곧 계를 범한다. 보살계 안에서는 적극적인 선행을 하지 않는 것 또한 계를 범하는 것이다. 선을 행하지 않으면 곧 중생을 널리 제도할 수 없으므로 보살은 중생에게 이익을 주어야 하는 근본정신에 위배되기 때문이다.

천변만화千變萬化하는 세상을 대면해서는 오로지 삼취정계를 마음속에 지니고 잊지 말아야 한다. '일체의 청정한 계를 지키되 어느 하나의 청정계도 지키지 않는 일이 없도록 한다. 일체 선법을 지키되 어느 하나의 선법도 실행하지 않는 일이 없도록 한다. 일체중생을 제도하되 어느 한 중생도 제도하지 않는 일이 없도록 한다'는 것이 삼취정계다.

이러한 지계의 힘을 통해서 자신이 다른 사람을 보호하는 보살이 될 수 있다. 생활 속에서 어떤 일을 만나든 모두 좋은 방향으로 긍정적으로 처리하겠다고 발원하고, 어떤 사람을 만나든 자신이 모두 제도하겠다고 발원해야 한다.

39

조심하지 않아서 계를 범했을 경우
어떻게 해야 하는가?

계를 받은 이후에 계를 범하지 않는 것은 그렇게 쉬운 일이 아니다. 만약 조심하지 않아서 계를 범했으면 참회의 방식을 통해 과실을 참회하고 고칠 수 있다.

참회는 불교계율의 범위 가운데 필수적으로 실천해야 하는 과목이다. 불교에서 말하는 참회는 착오와 과실을 드러내고 인정할 수 있음을 가리킨다. 참회의 용도와 뜻은 그 과실을 다시는 범하지 않도록 하고 '모든 악은 짓지 말고, 일체 선은 받들어 행하고, 생각을 청정하게 하라[諸惡莫作 衆善奉行 自淨其意]'고 스스로를 일깨우는 것이다.

참회는 후회가 아니다

참회는 후회나 자기반성과는 다르다. 왜냐하면 참회는 정직하고 진실하게 자기 마음속의 불안을 대면하고, 그 불안의 원인과 해결방법을 찾아내야 하기 때문에 그저 과실을 후회하는 것에 그치는 것과는 다르다.

자신이 범한 잘못과 참괴심을 느끼게 된 원인을 철저하게 해결함으로써 참회한 후에는 비로소 담연하고 자재한 마음으로 편안하게 내려놓을 수 있고 다시는 그로 인한 번뇌에 매달리지 않게 된다.

불교의 참회는 크게 두 가지로 분류한다.

(1) 사참事懺

계를 범한 죄를 몸과 말의 행위를 통해 참회하는 것인데, 잘못을 한 그 자리에서 상대방에게 잘못했다고 참회하거나 절을 통한 참회법회 등에 참여하는 방법이다.

(2) 이참理懺

마음으로부터 진정으로 참회하여 죄의 본성이 본래 공함을 알고 모두 마음으로부터 만들어 낸다는 일체유심조一切唯心造를 알아서, 자기가 범한 과오를 담담하게 받아들이고 책임지는 것이다. 비록 업력은 여전히 존재하더라도 마음속의 죄책감은 이미 소멸되고, 용감하게 받아들이는 책임감으로 전환시키기 때문에 마음은 안락을 얻을 수 있고 다시는 번뇌로 고통스럽지 않게 된다.

참회의 방법

참회의 구체적 방법은 기본적으로 네 종류다.

① 즉시 참회 : 사건이 발생한 즉시 바로 참회심을 일으키는 것으로, 상대방에게 상해를 입혔을 경우 즉각 현장에서 당사자에게 미안하다고 하는 것이다.
② 사후 참회 : 일이 벌어진 것을 나중에 발견하고 참회심을 일으키는 것으로, 상대방에게 상해를 입혔을 경우 당사자

에게 연락을 해서 미안하다고 사과하는 것이다.

③ 절참회 법회 참가 : 절참회는 부처님과 보살님께 대신 과오를 져 달라고 부탁하는 것이 아니다. 참법을 대중과 함께 수행하는 역량을 통해서 자신이 행한 잘못에 대한 책임을 지는 것이고, 다시는 범하지 않겠다고 발원하는 것이다. 대비참, 지장참, 양황참, 자비삼매수참 등의 법회가 대표적이다.

④ 조석예불이나 송계[포살] 하는 방식 : 조석예불이나 송계誦戒 등을 통해서 수시로 자신에게 과오를 범하지 않도록 일깨우고, 과오가 있으면 진심으로 참회하는 것이다. 사찰에서 행하는 단체 수행활동인 선칠禪七, 불칠佛七 법회에서 삼귀의 · 오계를 다시 받을 수 있는데, 이는 사람들에게 계로써 마음을 단속하고 지키는 일을 절대로 소홀히 하지 말라고 일깨우는 것이다.

『보살영락본업경』에 이르기를, '계를 받고 나서 범하는 자가 계를 받지 않고 범하지 않는 자보다 수승하다. 계를 받고 범하는 자는 보살이라 부르고, 계를 받지 않고 범하지 않는 자는 외

도라고 부른다'고 하였다.[20]

계를 지키면서 잘못을 범하는 것이 계 없이 범하는 것보다는 낫다. 왜냐하면 계가 있다는 것은 자기의 행위를 수호할 수 있다는 표시이고, 자신으로 하여금 보살도에서 크게 벗어나지 않게 만들기 때문이다.

계율은 우리를 보호하는 방호망이고, 지계는 우리들의 몸과 마음이 상해를 받지 않도록 해 주며, 참회는 우리 마음의 청정을 회복시킬 수 있다.

---

20 이 말은 계를 받고 나서 설령 범하더라도 그 후 참회하는 마음과 참회하는 행법을 통해 스스로 증장할 수 있는 '참회의 중요성'을 강조하기 위한 것이지 계를 받기만 하고 지키지 않아도 좋다는 의미는 아니다.

자기가 범한 과오를
담담하게 받아들이고 책임지는 것

40

보살계 송계법회는 무엇인가?

송계[포살]의 목적은 이미 보살계를 받은 수계자들이 수계 이후에도 수시로 부처님께서 제정하신 계를 기억하고 지킬 수 있도록 돕기 위한 것이다. 송계를 할 때 자신이 범한 부분이 있는지를 살펴서 만약 범했으면 곧 바로 참회를 함으로써 청정한 계체를 지켜 나갈 수 있다.

송계의 유래

부처님 재세 시에 매 반월마다 전체 스님들이 모여서 승단에 필요한 갖가지 가르침으로 단련시키고 계 조목을 알려 주는 방식을 통해 승단의 청정을 확보하였다. 부처님께서 입멸하시기 직전에 제자들에게 앞으로는 '계를 스승으로 삼아야 한다'고 지도하셨다. 그때 마하가섭존자는 어떤 비구가 '이제부터는 부처님의 지시나 통제를 받지 않아도 되니 참으로 기쁘다'고 말하는 것을 듣게 되자 마음이 아주 무거웠다.

이 일을 계기로 나중에 매 반월마다 상좌 장로비구가 대중 집회를 주관하여 먼저 해결해야 할 승단의 사무나 의결사항을 처리하고 난 이후 송계를 하도록 변화, 발전하였다. 대중 가운데 계를 범한 이가 있는지를 확인하여, 계를 범한 스님들이 즉시 참회할 수 있도록 하여 승단의 청정을 유지하였다.

함께 송계하면 좋은 점

보살계 송계는 보살계를 받은 재가의 계자戒子들이 매 반월마다 한 장소에 모여서 받은 계의 내용을 함께 염송하고, 수계할을 때의 초심을 잊지 않도록 자신을 일깨우고 일상생활에서 몸과 마음으로 했던 행위들을 반성하는 과정이다.

사실 송계는 매 반월에 한 번만 하도록 제한되어 있지는 않다. 매일매일 계의 내용을 읽어도 되고, 심지어는 자주 송계해도 된다. 그러나 가장 이상적인 방법은 적어도 매 반월에 한 번은 송계를 해서 자신이 지속적으로 열심히 계를 지키도록 하는 것이다. 보살계를 받지 않은 이들도 송계에는 참석해서 그 과정을 통해 부처님의 계를 이해하고 계법에 대한 마음속의 의혹이나 불안을 내려놓을 수 있다.[21] 이렇게 하면 수계의 인연이 저절로 이뤄질 것이다.

---

21 본서에는 이렇게 적고 있으나 보살계 포살에는 보살계를 받은 이만 참석하는 것을 원칙으로 하고 있다.

4

청정한
마음 지키기

41

범계를 면하려면 가장 좋은 방법이 차라리 수계를 안 하는 것 아닐까?

어떤 사람들은 계를 범하는 것을 두려워해서 감히 수계를 못한다. 오계가 불교 신자들의 가장 기본적 계인데도 어떤 이들은 만에 하나 계를 파하면 지옥에 떨어질까 두려워서, 계를 받지 않지 않으면 범할 것도 없으니 지옥에 떨어지는 과보를 받지 않을 것이라고 생각한다. 그러나 사실을 알고 보면 '계를 지키는 것'과 '복을 닦는 것'은 밀접한 상관관계가 있다.

계를 지키고 복을 닦는 것이 곧 수행이다

불교는 오계를 다섯 종류의 큰 보시라고 여기므로 지계 그 자체가 곧 수행이다. 계를 지키고 복을 닦는 과정을 거친 사람이 비로소 불교교리를 진정하게 믿고 받들어 실천할 수 있으며, 고통에서 벗어나 안락을 얻을 수 있고, 그와 동시에 타인을 보호하게 된다. 이런 사람은 현세에만 안온을 얻는 것이 아니라 내세에도 지옥의 고통스러운 과보를 받지 않고, 학불[學佛]의 복덕을 쌓아 갈 수 있다.

지계에는 두 가지 뜻이 함축되어 있다. 하나는 소극적 지계로서 타인을 해치고 자신을 해치는 일을 하지 않는 것이고, 또 다른 하나는 적극적 지계로서 반드시 해야 할 일을 하고, 능히 할 수 있는 일을 하며, 할 수 있는 일을 학습하는 것이다. 타인의 일을 도울 수 있는데도 도울 마음을 내지 않는다면 이것 또한 범계에 속한다.

단지 계를 잘 지키는 것만으로 좋은 사람이 될 수는 없다

부처님을 따라 배우는 이[學佛者]가 단지 나쁜 일만 하지 않거나 혹은 단지 계만 잘 지키는 '좋은 사람[好人]'이거나, 혹은 매일 열심히 참선 수행만 하거나 염불 수행만 할 뿐 적극적으로 선행을 하지 않는다면 어떻게 좋은 일이라 하겠는가?

수행하는 이가 자기 수행에만 관심을 가지고 있을 뿐 다른 사람에게는 관심도 없고 사회에도 도움을 주지 않는 이런 식의 태도를 가지고 계를 지킨다면, 소극적인 계에 지나지 않을 뿐이다.

지계의 진정한 뜻은 마땅히 적극적인 보살도를 행하는 데 있다. 단순히 자신이 계를 지키는지 혹은 범하는지에만 관심을 두어서는 안 된다. 반드시 중생을 성취시키기 위해 발심을 한 후 계를 받고, 계를 배우고, 계를 지키겠노라는 뜻을 확고히 세워야 한다. 그렇게 계법을 수호하는 힘은 사회에 청정하고 밝은 활력을 제공한다.

42

부처님이 세상에 계실 때
만들어진 계를
현대인들이 지킬 수 있는가?

  부처님께서 열반에 드실 때 제자들에게 '반드시 계를 스승으로 삼으라'는 가르침을 남기셨다. 그러나 부처님께서 입멸하신 후 각 지역마다 언어와 생활풍속 등이 달라서 후대의 제자들이 계율을 해석하는 방법에 분파가 일어났다.

  이 문제에 관해서 우리는 사실상 다음과 같이 사유할 수 있다. 부처님께서 제정하신 계를 현대인들은 어떠한 태도로 받아들이며 수용해야 할까?

불변하는 것이 불법

불교가 오늘날까지 전래된 것을 보면 이미 예전부터 세계성을 지닌 종교임이 입증되었다는 뜻이다. 유구한 역사 속에서 불교는 시대에 의지하고 각 지방의 서로 다른 언어, 풍속, 문화 등에 순응하면서 다양한 모양으로 발전되어 왔다. 그러므로 각 지역의 불자들이 존중하고 따르는 율은 당연히 차이가 있다.

부처님께서 제정하신 계율은 본래 사건이 발생해서 만들어진 것이고, 시대적 필요에 부응하여 제정된 것이며, 지역의 특수성을 반영하여 만들어진 것이므로 영구히 변하지 않을 수는 없다.

우리가 계율이 제정된 배경과 각 계 조항의 핵심 정신을 충분히 이해할 수만 있다면, 불교의 모양이 어떻게 변화하든 각 지역의 문화 차이가 어떠하든 시대 변화가 어떠하든 상관없이, 한 가지 확실히 변하지 않는 것은 '부처님께서 드러내신 진리'와 '부처님께서 품으신 자비'임을 알게 된다.

이 기준에 근거하여 현재의 시간과 공간 혹은 환경 등을 고려하여 어떻게 계를 지킬 것인지를 생각하면 곧 그 정신을 제대로 이해할 수 있다.

마음과 계는 서로 상응한다

부처님께서 계율을 제정하신 것은 불제자들의 심신을 보호하고 안전과 청정을 획득하도록 하기 위함이다. 그러므로 우리는 지계의 중요성을 인식하는 것 외에도 계율이 대표하는 의의가 무엇인지를 잘 이해해야 한다. 그래야만 자신이 처한 그 자리의 시간과 공간 및 환경에 수순하는 진정한 지계가 가능하다. 그렇지 않으면 표면적인 형식에 그칠 뿐이다.

더구나 계율은 속박이 아니다. 진정한 지계는 마음과 계상戒相이 함께 상응하도록 지켜져야 한다. 그래야 불법이 우리의 말과 행동 속에 자연스럽게 모습을 드러내고 널리 펼쳐지게 된다.

43

계를 범하면
호법신장이 벌을 주는가?

일단 계를 받고 나면 곧 바로 호법선신의 수호를 받게 된다. 그러나 어떤 사람은 '계를 받고 난 후에 혹시 못 지키거나 범하면 원래 자신을 지켜 주던 호법선신이 화가 나서 처벌하지 않을까?'라고 걱정한다.

계를 지키려면 우선 마음을 지켜야 한다

불교의 계법은 심계心戒이므로 계를 지키려면 우선 마음을 잘 지켜야 한다. 그러나 마음은 어떠한 외적 힘을 써서도 속박할 방법이 없기 때문에 각자가 지닌 '원력의 마음[願心]'이 바로 계를 수호하는 근본이 된다.

수계 후에는 여러 방면에서 선한 인연들이 많이 나타나서 자연스럽게 계 받은 이가 계를 지킬 수 있도록 도와준다. 설령 지키지 못하더라도 '법을 알고 법을 범하면 죄가 하나 더 추가된다'는 식의 두려움을 가질 필요가 없다.

범부보살은 본래 이리저리 왔다갔다하는 심리상태에서 천천히 배우면서 성장하는 존재이다. 따라서 범부보살은 마땅히 성인을 모범으로 삼기는 하되 자신에게 성인의 기준을 그대로 요구할 필요는 없다.

호법선신은 계를 지닌 불제자가 이렇게 열심히 노력하고 정진하고, 진심으로 참회하는 것을 보면 불법의 감흥을 받아서 환희심을 느낀다. 그들은 불법을 봉행하는 불제자들을 잘 수호하지 신통력을 써서 징벌을 하지는 않는다. 그러나 법에 따라 실천하지 않고 계를 범하고도 참회를 할 줄 모르거나, 혹은 불법에 대해 신심과 공경을 잃어버리면 자연스럽게 호법선신의 감응을 받을 방법이 없다. 이 경우 비록 징벌을 받지는 않지만 호법선신의 수호를 받지 못한다.

호법천룡에 대한 믿음

호법선신이 있다는 믿음은 우리들이 도심과 신심을 증장하여 정진할 수 있게 만든다. 그러나 비록 호법선신과 천룡이 에스코트를 해 주더라도 시도 때도 없이 호법선신에게 도와달라고 부탁해서는 안 된다.

자신이 계로써 마음을 잘 보호하도록 스스로를 단련하고, 마음을 법에 편안하게 안주시키고, 계를 지키면서 정진하기만 하면 성엄 스님께서 말씀하셨던 것처럼 자연스럽게 마음을 잘 보호하여 자재한 상태[守心自在]가 될 수 있다.

선한 인연들… 불제자를 수호하는 호법신장

44
지계는 생활에 불편을 초래하는가?

어떤 사람은 불교를 배우고 계를 받고 난 후부터는 몸과 마음의 행위가 아주 크게 변한다. 예를 들면 다시는 술을 마시지 않거나, 채식을 하거나, 쇼핑이나 오락 등을 별로 좋아하지 않게 되어서 마치 다른 사람이 된 것처럼 바뀐다. 그러면 가까운 친구들은 뭔가 좀 이상하다고 느끼거나 친구의 변화에 잘 적응하지 못한다.

계를 받은 사람도 집에 돌아가서는 뭔가 조금 이상한 느낌을 받는다. 가족이나 환경에 적응이 잘 되지 않는 그런 기분도 들고, 뭔지는 모르지만 청정하지 않은 번뇌로 가득 찬 것 같은 느낌이 들기도 한다.

사실 이것은 학습해 나가야 하는 일종의 과정으로서 천천히 체험하면서 조정해 나가야 한다.

사회규범과 생활 존중하기

계를 받고 난 후에는 계율의 척도를 가지고 다른 사람들을 저울질하는 용도로 사용해서는 안 된다. 게다가 가족이나 사회에 대해 사찰과 같은 환경을 요구할 수는 없다. 가족들이 나로 하여금 불법을 배울 수 있는 기회를 허락해 주었기 때문에 오히려 감사하는 마음을 내야 한다.

재가 수행자는 비록 삼보에 귀의하고 오계 내지 보살계를 받았더라도 사람들이 모여 사는 사회에서 생활해야 하므로 여전히 가정을 근본으로 여기고, 가정 윤리와 사회규범을 존중하는 생활을 해야 한다. 그래서 불교는 결혼생활, 여가 시간의 휴식, 오락을 금지하지 않고, 직업과 관련한 사회적 교류나 교제 등에 반대하지 않는다.

단지 계법을 통해서 수행자에게 일깨우고자 하는 것은 쉽사리 번뇌를 일으키는 욕망을 절제하고, 생활은 최대한 담박하게 하여 사치하거나 화려함을 추구하지 말며, 시끄러운 곳이나 색色의 장소에 출입하지 말라는 것이다.

이러한 절제의 출발점은 개인의 몸과 마음을 평안하게 보호하고 가정을 행복하게 수호하기 위한 것이다.

계를 지켜서 좋은 점이 주변에 공유된다

계를 지키는 행위를 통해서 각 계 조항의 의의를 점점 깊이 이해하고 자기의 심신과 생활상에 일어나는 변화들을 느낄 수 있게 된다.

우리는 불법을 배우고 계율을 지킴으로써 점점 더 좋은 사람이 되고, 친구들은 그러한 나를 통해 수행이 주는 좋은 점을 자연스럽게 느끼게 된다. 나중에는 연습 삼아 불법을 가까이하고 이해해 보고 싶은 마음을 내고, 심지어는 같이 가서 배우고 싶은 마음까지 일으킨다.

이를 통해 알 수 있듯이 지계는 생활에 불편함을 초래하는 것

이 아니라 반대로 우리의 생활을 더욱 아름답고 멋지게 만들어
준다.

45

그냥 사람들을 도와주면 되지 꼭 보살계를 받아야 하는가?

좋은 일을 하고 다른 사람을 도와주는 것은 인천의 복을 받는 과보이다. 죽어서 하늘에 태어나거나 복을 향유할 수 있는 과보를 얻는다. 그러나 이것으로 성불의 보리종자를 심을 수는 없다. 보살계를 받는 궁극의 목적은 성불하기 위해서다. 계를 받은 후에야 이 목적이 더욱 명확해지고 불법을 배우는 목표도 확실히 세워지게 된다.

몸과 마음을 잘 보호하여 생사에 윤회하지 않기

불교의 내용은 계정혜 삼학에서 벗어나지 않는다. 세간의 학문은 유루有漏의 배움이지만, 계정혜 삼학은 무루無漏의 배움이다. '루漏'는 '샌다'는 뜻으로 번뇌를 가리킨다. 번뇌는 사람들로 하여금 몸과 마음을 잘 지키고 보호할 수 없게 만들며, 복과 덕을 손실시키고, 결국에는 생사윤회에 떨어지게 만든다. 좋은 일을 하면 천상에 태어나지만 일단 하늘과 사람의 복을 다 누리면 다시 윤회의 바퀴 속으로 떨어진다.

오직 계정혜의 삼무루학을 익혀야만 생사번뇌에서 해탈하여 궁극에는 불도를 성취할 수 있다.

보살계는 모든 부처님의 본원이며 모든 보살의 근본

『범망경』에서 말하듯이 보살계는 모든 부처님의 본원이고 보살들의 근본이며, 모든 불자의 근본이다. 보살도를 행하지 않는다면 불교를 믿더라도 영원히 성불할 수 없다. 만약 보살도를 실천하고자 한다면 반드시 보살계를 받아야 한다. 보살계는 일체 모든 부처님께서 성불하신 근본 원인이기 때문이다. 보살계를 받지 않고는 설사 보살도를 행하려고 해도 방법이 없다. 보살계를 받으면 보살도의 방향을 확인할 수 있다. 보살계를 잘 지키는 것은 곧 보살도의 근본을 잘 수호하는 것이다.

46

귀의 후에 타로나 자미두수 같은 점을 봐도 되는가?

불교는 관상을 본다거나 점을 치는 등의 기술이 역사적 사실로 존재한다는 사실을 부인하지 않는다. 그렇다고 해서 이러한 것들이 생명 성장의 공능이 있다고 긍정하지도 않는다. 그런 기술들은 나름대로의 도리를 가지고 있지만 절대적 진리가 아니기 때문이다. 믿을 수도 있지만 미혹된 믿음이므로 완전하지 않다. 믿지 않을 수도 있다. 안 믿어도 큰 우환은 없다. 그래서 부처님께서는 제자들에게 별자리, 풍수, 점 보기 등의 행위를 하지 말라고 금지하셨다. 그러나 이러한 것들의 존재를 반대하지도 않으셨다.

운명은 미리 알 수 있는가?

　점이나 명리 등은 인류가 유사 이래 오랫동안 경험으로 전승한 것이고 종종 방황하다가 다른 어떤 대안을 못 찾는 이들에게 의지가 되어 왔다. 그러나 지나치게 오래 의지하면 미신에 빠져서 문제가 발생하기 쉽고 심지어는 지혜를 계발하지 못하는 결정적 장애가 된다. 게다가 점술사가 믿을 만한 사람인지 판별하기가 무척 어렵다.

　불교에서는 사람의 길흉화복은 과거의 선업 혹은 악업을 원인으로 하여 금생에 과보를 얻게 된다고 이해한다. 운명의 추론은 기껏해야 과거에 이미 발생했던 일에 대해서만 파악할 수 있을 뿐 미래에 대해서는 정확한 것이 없다. 왜냐하면 인연이 계속 변화하는 과정에 있기 때문이다. 만약 후천적 노력을 더하면 이 생의 운명을 바꿀 수도 있고, 게으름을 더하면 그에 상응하는 영향이 이 생에 미치게 된다. 이것이 바로 후천적 요소가 선천적 조건에 보태지는 것이다. 즉 개인의 의지와 노력이 일종의 변화를 일으키는 역량이 된다. 그래서 우리가 부처님께

귀의하여 불법을 배우고 마음을 내서 계를 배울 때 바로 이 지계의 역량으로 인해 선한 인연으로 변화를 일으킨다.

인연에 수순하고 인연을 다스리고 인연을 창조하기

진즉에 불법을 믿고 있었다 하더라도 더 중요한 것은 불법의 인과와 인연관을 통해서 자신의 몸과 마음에서 발생하는 각종 현상을 명확하게 보는 일이다. 불법을 통한 관념적 변화는 이미 발생한 사실을 대면하고 받아들이며, '바로 그 자리[當下]'에서 기꺼이 할 수 있는 일에 노력하는 것이다. 인연을 확실히 파악하고 바로 그 자리를 잡아채면 즉시 좋은 인연의 씨앗을 끊임없이 심을 수 있다. 이런 과정을 통해 관념이 바뀌고, 신업과 구업의 행위가 자연스럽게 변화되고 좋아져서 아름다운 미래를 창조하게 된다.

47

특별한 종류의 직업에 종사하는 이나 도살업자 등도 계를 받을 수 있는가?

불법을 배우고자 하는 마음이 있고, 오역 중죄를 범하지 않았다면 사람은 누구라도 불법을 배우고 계를 받아서 삼보제자가 될 수 있다.

정명正命을 의지하여 생활하기

불교의 직업관은 정당하고 여법한 일을 선택하여 생활을 영위하도록 강조하는데, 이것을 정명이라고 부른다. 이에 반대되는 명칭이 부정당한 직업을 의미하는 사명邪命이다.

불교의 오계는 살생, 투도, 망어, 사음, 음주를 금지하는 것이다. 오계의 불살생을 위반하는 도살 관련 직업이나 도둑질, 사기 혹은 색정色情이나 오락 등과 관련된 일은 모두 사명에 속한다. 이러한 직업들은 자기에게도 이익이 없을 뿐만 아니라 타인에게도 손해가 된다. 그러나 만약 생계를 꾸리기 위해서 당장 직업을 바꿀 수 없는 경우라면 기존의 직업을 바꾸고 난 후에 다시 와서 신행을 하라고 요구하지 않는다. 그러나 일단 불교를 신행하게 된 후에는 이러한 직업을 바꿀 수 있다면 자신도 악업을 적게 지을 수 있고, 마음도 비교적 안정되어서 자연스럽게 수행에 도움이 된다. 불교는 자리이타의 보살도를 중시하므로 선근이 증장되는 정당한 직업에 종사할 것을 권장한다. 직업상의 일을 통해 자신의 성장을 돕고, 다른 사람들에게 이익을 주고, 사회를 정화시켜서 평화와 화합을 가져올 수 있다.

귀의삼보는 선근을 심는다

계를 받지 않은 이는 계를 깨뜨리는 죄는 없지만 더 근본적인 성질의 죄와 과실이 있다. 만일 생존에 쫓겨서 직업을 바꿀 실질적인 방법이 없다면 불교는 이것을 계를 파한 것으로 보지 않는다. 이유는 불교신앙의 첫걸음은 우선 삼보에 귀의하는 것이고, 상황이 허락하지 않는데 억지로 계 받기를 강요하지 않기 때문이다. 단지 기본적으로 이 오계를 받을 수 있다면 더 낫다는 것이다. 오계 가운데 자신이 지킬 수 있는 몇 가지만 부분적으로 받을 수도 있고, 계를 받고 난 후에 지킬 방법이 없을 경우는 언제든지 계를 내놓을 수도 있다. 물론 계를 내놓고 나서 새로 다시 받을 수도 있다.

불교를 배우면 좋은 점은 의지할 수 있는 삼보가 인생의 귀의처가 되고 생명을 밝히는 등불이 되며, 미래에는 반드시 성불할 수 있는 선근을 심게 된다는 점이다. 불법을 학습하는 과정 속에서 점점 복을 쌓게 되면 자연스럽게 선한 인연들이 모여 직업도 바뀌게 된다. 완전히 새로운 인생길이 눈앞에 펼쳐지게 된다.

48
인터넷으로 귀의하는 것도
효과가 있는가?

현대는 인터넷의 발달로 삶이 편리해졌다. 많은 사원에서 신도들을 위한 방편으로 법회, 염불, 참선수행 등의 활동을 인터넷을 통해 신청하는 방식을 택하고 있다. 직접 법회에 참석할 방법이 없을 경우 인터넷에 접속해서 법회를 볼 수도 있고, 심지어는 삼귀의조차 인터넷 귀의가 있을 정도이다. 그렇다면 그 효과는 현장에서 직접 삼귀의계를 받는 것과 어떤 차이가 있을까?

인터넷 방송은 방편이다

법회나 염불 등의 단체수행 법회를 인터넷 방송으로 제공하는 것은 바빠서 혹은 여러 가지 이유로 직접 현장에 참석할 수 없는 이들을 위한 방편이다. 병이 났거나 해외에 거주하거나 혹은 불법이 아직 전해지지 않은 변방에 사는 등 특수한 이유로 인터넷 생중계를 통해 지극한 마음과 뜻을 모아서 집중하면 마치 법회 현장에 직접 참석한 것 같은 장엄과 섭수가 가능하다. 물론 현장에 여러 사람이 함께 모여 수행하는 환경과 분위기에는 못 미친다.

중요한 불교입문 의식은 직접 참가하여 받아야 한다

귀의삼보 의식은 앞에서 말한 법회나 염불과는 다르다. 이 의식은 불교에 입문하여 삼보제자가 되는 중요한 의식이므로 직접 참석하여 법사 스님에게 계를 받아야 한다. 이심전심의 방식으로 계체를 얻어야만 진정한 득계得戒가 된다. 귀의는 불법승 삼보에 귀의하는 것이지 법사 개인에게 귀의하는 것이 아니다. 그러므로 올바른 믿음이 살아 있는 도량이라면 집에서 비교적 가까운 곳을 선택해서 귀의하여 불교를 배우는 것이 좋다.

49

재가자가 출가자의 계율을
연구할 수 있는가?

    율장에서 이미 이 주제를 다루고 있다. 출가 구족계를 받지 않은 사람은 비구가 포살[송계]하는 것을 들을 수 없다. 만약 들었다면 그는 종신토록 출가하여 비구계를 받을 수 없다. 그러나 단지 이것만으로 재가자가 출가계율을 연구할 수 없다고 판단한다면 충분하지 않다.

재가자가 출가자의 계율을 연구할 수 없는 것은 아니다

    후세에 이르러 사람들이 생각하기를 부처님께서 재가자가 비구의 송계를 들을 수 없다고 이미 규정해 놓으셨기 때문에 자연히 출가계율을 볼 수 없고, 부처님께서 이 규정을 제정하셨던 이유는 비구의 존엄을 유지 보호하기 위함이라고 여겼다. 그러나 사실은 출가계를 받지 않은 이의 신심을 보호하기 위해서이다. 출가계를 받지 않은 이가 비구계의 표면상 내용만 알고 난 후에, 부처님께서 계법을 제정하신 뜻을 제대로 이해하고 살펴지도 못한 채, 계율을 지키지 않는 비구와 비구니를 함부로 경시하였기 때문에 만들어진 것이다.

사실 재가자가 출가계율을 연구할 수 없는 것이 아니라 대중 스님들이 송계 전후에 죄를 참회할 때 출가계를 받지 않은 이들은 그 현장에 있어서는 안 되는 이유 때문에 위와 같이 안배한 것이다. 중요한 것은 출가를 하지 않은 이가 비구와 비구니를 경만히 여기는 일이 생기는 것을 방지하기 위하여 송계를 듣지 못하게 하였다.

호기심 때문에 계를 연구하지는 말라

위에서 보듯이 오직 신심과 공경심을 가지고 출가계율을 연구하고, 비구의 참회를 훔쳐 듣지 않는다면 자연히 죄행이 될

수 없다. 불법은 자신의 마음을 관찰하고 살피는 것을 중요시
한다. 만약 불법을 파괴하려는 마음 없이 학술연구를 위해서 계
율을 연구하는 것이라면 자신에게 어떤 장애를 일으키지 않는
다. 그러나 만일 호기심으로 인한 충동이라면 오히려 자신의 번
뇌를 증장시킬 뿐이므로 부적절하다.

50

수계는
생활을 부자유하게 변화시키는가?

어떤 이는 지계의 정신을 오해하여 삼귀의와 수계 후에는 술을 마실 수도 없고 여가나 오락을 즐길 수 없는데 이렇게 되면 오히려 스스로 죄를 받는 결과를 초래하는 것이 아니냐고 생각한다. 친구들과의 식사 모임에서 자기만 채식을 한다든지 혹은 재일을 지켜서 저녁을 안 먹는 등의 일들이 어떻게 생활에 불편을 가져오지 않겠느냐고 생각한다.

마음에 걸림 없음이 자유자재다

수계는 우리의 신구의 삼업을 수호하는 보호망이다. 수계 후에 가장 크게 드러나는 자신의 변화는 몸이 불교도가 되었으니

자신의 행동거지에 대한 주의가 시작된다는 것이다. 게다가 다른 사람들도 "너는 불자로서 어떻게 그럴 수 있니?"라고 일깨워 준다. 나쁜 생각이 일어나면 경고를 하고, 나쁜 일을 하면 반성하고 고치는 바로 이러한 계를 통해서 나쁜 습관을 버리게 된다. 수계한 후에 생활방향은 명확한 규범에 의지하게 되고 자주 의지를 북돋아서 타인을 이롭게 하고 자신도 이롭게 하는 선택을 하게 되니 탐진치 번뇌와 점차적으로 멀어지게 된다. 일단 인생을 어떻게 걸어야 할지 명확하게 알게 되므로 마음에 걸림이 없어지고 자유자재할 수 있게 되어서 마음 편안하게 생활하고 방황하지 않게 된다.

삼보에 귀의한 후에는 자주 사찰에 들러야 법사스님의 지도와 함께 공부하는 도반의 상호 지지를 받을 수 있다. 불법을 배우고 수행하는 과정에서 함께 공부하는 단체를 의지하여 더 나은 방향으로 나아갈 수 있다. 그 외에도 보이지 않지만 불보살님과 호법신의 가피와 보호가 있게 된다. 『불설관정삼귀오계대패호신주경』에 부처님께서 사대천왕에게 칙령을 내려 36명의 선신을 보내 발심 귀의한 자를 보호하게 하셨다. 이 선신의 이름을 기록한 패를 몸에 지니고 다니면 재앙과 액난을 피하고 질병에서 벗어날 수 있다고 한다. 오계를 받은 후에는 다시 25명의 선신이 보호를 한다. 그러므로 귀의와 수계를 한 후에는 마음과 몸이 평안하고 하는 일이 뜻대로 순조롭게 된다.

수계원력에 의지하여 앞으로 나아가기

위와 반대로 만약 귀의삼보를 하지 않았다면 계법과 의지할 수 있는 대상인 바른 믿음의 도량과 단체의 지도와 보호 및 격려 등이 없으므로 쉽게 나태해지고 샛길로 빠지기도 한다. 이뿐만 아니라 악을 고쳐서 선으로 나아가겠다는 동기와 의지도 그리 강해질 수가 없다. 선악을 명확하게 알지 못해서 자기가 잘못을 저질러도 모를 가능성이 높기 때문에 개선해서 앞으로 나아갈 수가 없다. 자기가 잘못을 저질렀음을 안다고 해도 계율을 지키겠다는 서원을 일으켜 본 적이 없으므로 참괴심과 개선하고자 하는 동기도 유지하기 어렵다. 그래서 곤경을 만나면 쉽게 실의와 미혹에 빠진다. 그러다가 생사의 관문을 만나면 마음이 황망하고 산란하여 의지할 곳 없이 망망하여 갈팡질팡한다.

귀의수계를 한 후의 인생은 '원력'에 의지하여 앞으로 나아가면서 수시로 자신의 발심을 점검하고, 때때로 관조하며 참회와 개선을 통해 점점 청정을 향해 다가간다. 다른 이들에게도 안락을 가져다줄 수 있다. 그러다 마침내 어느 날에 이르러 부처님과 똑같이 원만하게 불도를 성취할 것이다.

계율,
바른 수행의 길잡이

공감하기 쉬운 '재가불자를 위한 계율기초' 교재가 하나 있으면 좋겠다는 생각을 오래전부터 해 오다가 법고문화편집부에서 2017년에 발간한 『수계50문』을 읽게 되었다. 이 책은 법고문화편집부에서 기획한 「불교공부입문 Q&A 시리즈」 중 하나로서 수계와 관련된 내용을 담고 있다. 불자라면 누구나 한 번쯤 궁금했을 계율 관련 문제 50개를 제시하여 계율을 왜, 어떻게 지켜야 하는지 간단하면서도 핵심 위주로 정리하고 있는 입문서이다.

성엄 스님은 출가 초기부터 계율의 중요성을 깊이 인식하였다. 첫 폐관수행을 마치고 가장 먼저 『계율학강요』(1978)를 저술한 것도 이러한 인식 때문이었다. 이후 법고산사에서의 수행과 대중교화 과정에서도 계율에 대한 이해와 실천을 지속적으로 강조하였다. 스승의 지계사상이 후학들에게 이어져 이 책 한 권에 압축되어 있구나 싶을 정도로 내공 있는 책이다. 계율 입문서이면서 어렵지 않고 짧은 글이지만 강한 설득력을 담고 있다. 무엇보다 포교의 현장에서 실행할 수 있는 실용서이며, 덤으로 대만불교의 수계 현황에 대해서도 이해할 수 있다.

우리 불자들이 이 책을 통해 계율에 대한 정견을 갖추고 올바른 인식과 실천을 통해 가장 안전하고 튼튼한 방법으로 수행의 여정을 행복하게 걸어갈 수 있기를 바란다.

정현淨現

수계 50문답

| **발행**_ 2021년 6월 15일 | **편저**_ 법고문화편집부 | **역주**_ 정현

| **펴낸이**_ 오세룡 | **편집**_ 손미숙 박성화 정해원 전태영 유나리 | **기획**_ 최은영 곽은영 김희재

| **디자인**_ 고혜정 김효선 장혜정 | **일러스트**_ 니나킴 | **홍보 마케팅**_ 이주하

| **펴낸곳**_ 담앤북스 _ 서울특별시 종로구 새문안로 3길 23 경희궁의 아침 4단지 805호
　　　　전화 02)765-1251 전송 02)764-1251 전자우편 damnbooks@hanmail.net
　　　　출판등록 제300-2011-115호

| **ISBN** 979-11-6201-299-4 (03220)

정가 15,000원